JN328526

大震災時 女川町で
津波に遭遇した中国人実習生

なぜ一六二人全員が助かったか

藤村三郎著
監修／高橋礼二郎・大村 泉
中国語版監訳／阿部兼也・解 澤春
編集／日本中国友好協会宮城県連合会泉支部

社会評論社

大震災時　女川町で津波に遭遇した中国人実習生

なぜ　一六二人全員が助かったか

帰国途上の実習生たち（2011年3月18日、新潟に向かうバスの中）
中国駐日本大使館提供

序　言

二〇一一年三月一一日、日本で発生した特別に大きな大震災と、それによって引き起こされた津波の災害と福島第一原子力発電所の事故は日本の東北部やその他の地域に、巨大な人的被害と財産の損失をもたらしました。災害後、その年に私は五回にわたり福島、宮城、岩手の被災地を訪問し、現地の被災者のお見舞いをしました。地震災害と津波がその地に与えた損害を目の当たりにして、深い悲しみを覚え、心の痛みを感じました。

　中国政府と人民は日本の東北大震災が発生した後、迅速に各種の方式による慰問と援助を提供すべく、被災地に国際救援隊を派遣し、大量の緊急必要物資やガソリン、軽油による援助を提供しました。中国駐日本大使館や駐新潟総領事館も震災復旧・救援を支援するため尽力しました。中国の大使として、私は被災地で生活・仕事をする中国人の安否を心配し、即時に中国大使館第一救援チームを宮城県に派遣しました。救援チームは通信・交通ともに中断した非常に困難な状況の中で、一九時間にもわたる運転で目的地に到着しました。中国大使館は震災発生から三月末までずっと二四時間体制で業務を行い、被災地に五組の救援チームを派遣し、在日中国人及び現地被災者の救助に当たりました。統計では、おおよそ三万人の中国人が被災地で仕事をし、生活していて、技能実習生はそのうち大きな比率を占めています。彼等は東北の各地に分散し、多くが沿海地域で仕事をしており、津波は直接に彼等の生命をおびやかしたのです。災害が発生し、被災各地の多くの人々は私利私欲を越えた援助と救援を彼等に与えてくださいました。佐藤水産の佐藤充専務は、中国からの技能実習生を救助するために、貴重な生命をささげられました。この事蹟は中国で広く知られ、また多くの人々に感動をあたえました。日本友好人士の多大なご努力と、日中双方協力の下で、数多くの在日中国人被災者が救助と支援を受け、合計一万人近くが中国に一時帰国しました。今、読者にご覧いただくこの本は、藤村三郎さんたちが、直接被災地を訪問し、ご自身で取材した成果の取り纏めであり、被災地でおこった感動的な経緯を、事実そのままに記述しています。中国駐日本大使館も関係する資料を提供しました。この本が大震災三周年の際に、中国語・日本語の二種類の文章で出版されることは、大変大きな意義を持っています。

中国と日本は互いに重要な隣国です。周知の原因により、現在両国関係は困難な状況に直面しています。これは両国と地域の共通の利益に合致せず、国際社会の期待でもなければ、われわれの願うものでもありません。「和すれば共に利益があり、闘えば共に損ずる」、このことは両国の数千年の交流の歴史の総括から得られた貴重な経験であり、また両国の先輩政治家が、われわれに懇切に教えているところでもあります。両国の各界の友人が引き続き中日友好の事業を支持し関心を寄せ、両国の関係をもう一度新たに、正確な発展方向にもどすよう尽力することを希望します。

二〇一四年三月

中華人民共和国駐日本国特命全権大使

程　永　華

ご挨拶

まだ、体験・記憶にありありと残っている二〇一一年の地震と津波、原発被害。私自身も福島市に在住しており、M五．四を体験し、二日間電気も電話もストップした。

岩手、宮城、福島、茨城にわたって、各地からの甚大な被害の様子が伝えられるなかで、女川町で中国人実習生の女性一六二人が全員救済されたというニュースは全日本ばかりではなく、中国・アジアから世界に向け「明るいニュース」として報道された。

日中友好協会泉支部ではこのニュースを一過性のものに終わらせてはならないと、八回にわたって女川に人を送り、当該の水産会社の関係者、女川の町当局、町民たちから広く、深く取材し、さらに翻訳も加えて、日中両国語版の本書にとりまとめた。

中でも圧巻なのは数編が掲載されている当該の実習生たちの手記である。「青黒い海水が無情にも猛烈な勢いで、押し寄せて来ました。宿舎も社長さんの家も、会長さんの家も、私たちの目の前で海に飲み込まれました。私たちは慌てふためいてその小山の一番高い所に移りました。全員が泣いていました。」（郝春飛さん）この手記は現地で日本語教育に携わっている福井忠雄氏が再来日した実習生に書かせた、優れた作文集の中の一つである。

女川町では中国人研修生を受け入れるにあたって町当局や、水産会社などが周到な準備をし、一年目は一人の中国人女性を対象に教育し、彼女を軸に翌年からは二〇人という風に順次増員していった。このように女川町の中国人実習生受け入れは官民あげての事業であった。このような背景があったからこそ、被災時の救出、直後の関係者宅への宿泊、体育館での避難生活の際には周囲の女川町民が親身になって援助をしてくれるような素地がつくられていたのである。そしてその後の中国への帰国、希望者の再来訪にもつながっていったのだ。

現在、「外国人研修・技能実習制度」によって来日している中国人をはじめとする外国人労働者の劣悪な就労条件や生活環境が問題視され、早急の改善が求めれれている。女川町は長年漁港として栄え、国際感覚にも優れていたため、実習生を受け入れるにあたって周到な準備をし、町民との信頼関係を築いてきたからこそ、今回の救出劇が実現でき、その後も研修生達との良好な関係を続けているのであろう。まさに、日中友好運動の実践をしてきたと言える。

二〇一四年三月

日本中国友好協会会長

長尾光之

もくじ

表紙写真　日本語版：津波で倒壊した女川町の江島共済会館ビル
中国語版：これから帰国する実習生た（二〇一一年三月一八日）
中国駐日本大使館提供

一　はじめに

はじめに本書の発刊に至った経緯を紹介します。
今年（二〇一二年）一月九日に開かれた日本中国友好協会宮城県連泉支部理事会において、あの大震災が起った昨年三月一一日、女川町に研修に来ていた中国人実習生一六二人全員が津波の被害から救われたという出来事が話題になりました。

日本人なら誰でも、大震災救援のため何かをしたいと考えていますが、きっかけがないと案外足を踏み出しにくいものです。しかし、最大の被災県である宮城の日中友好協会がこのまま手をこまぬいて居て良いのか、津波に襲われた被災地救援は避けて通れない課題ではないのか、というのが私たちの考え方の出発点でした。その討議をもとに、支部の役員で編集委員会を発足させました。

その観点からこの出来事の周辺についてまず知ろうと、今まで（一〇月末現在）泉支部として現地に足を運び聞き取り調査を行いました。実際のところ沿岸の現地に足を運び、すべてを津波に持ち去られ惨憺たる状況に接すると、胸のつぶれる思いにとらわれます。一〇人に一人

表１　泉支部による現地訪問の日程（2012 年）

月／日	訪問先	訪問者（案内者）
2/27	現地全体	（芳賀芳昭）、高橋礼二郎、中村幸雄、岡村朋子、佐藤光男、藤村三郎
4/17	女川町水産各社	（高野　博）、小野三郎、藤村三郎
4/23	魚市場協同組合事務所（仮設）	佐久間太平、藤村三郎
4/25	㈱高政、ワイケイ水産㈱	藤村三郎
5/11	福井忠雄宅、みやぎオーバーシー協同組合、石巻日々新聞社	萩原富夫、藤村三郎
7/3	女川訪問ツアー町内視察と㈱高政見学	（高野　博夫妻）、高橋礼二郎、中村幸雄、岡村朋子、佐藤光男、藤村三郎、他５名
7/30	福井忠雄宅	岡村朋子、藤村三郎
9/23	さんま祭り会場、きぼうのかね商店街、カタール支援冷凍冷蔵施設	藤村三郎、他

は亡くなっている同町で、肉親、友人を失っていない人は、一人としていないのではないでしょうか。そういう中で訪問し「中国人が救われた」「助けられた」話を聞くのはつらい面もありました。しかし女川の方々は初対面の、慣れない私たちに真剣に対応してくれました。

私たちは生死のはざまで起こった一連の重い事実を知る中で、単なる一過性のエピソードに終わらせてはいけない、日中友好にかかわる教訓に満ちており、きちんと記録に残す必要性があることを痛感するようになりました。またこのことを通して女川町民との交流を深め、将来にわたってささやかなりとも復興支援にかかわっていくことが、日中友好運動にふさわしい被災地支援の道だと思えるようになってきました。

もとより今となって、この出来事の全体像を浮かび上がらせることは至難なことです。また、この本のかなりの部分は、関係者の証言や書かれた文書の引用です。そういう制約をご承知の上で、お読みいただくようお願いします。

泉支部の現地訪問、聴き取り調査の日程は表1にまとめています。調査は二〇一一年二月二日から始まり、九月二三日まで八回にわたって行われました。

この取材は当初、地元の芳賀芳昭さん、高野博御夫妻の案内で、全体の事情を把握し、その後個別に訪問しました。本書はそれらの取材を通して得た情報をまとめたものです。協力いただいた方々に感謝申し上げます。

左から、倒壊した江島共済会館、マリンパル女川（奥)、七十七銀行女川支店

二　女川町　実習生制度導入の経緯

町内各所に見られる震災の跡（2012年4月）

自らの命を顧みず中国人実習生を救った故・佐藤充さん。その行為は震災後大連に着いた佐藤水産㈱の実習生・韓麗敏さんが撮った映像によって中国全土に放映され、さらに全世界に、そして日本に配信されました。温家宝首相は昨年五月二一日、日中韓三国の首脳会議出席の折、名取市の被災地視察の途上この出来事にふれ、「大変すごい精神を見た」「中国人民に対する日本人の友好的な感情を知った」と語りました。

この大きな出来事の詳細を探る入口として、どういう経過で女川町が中国人実習生を受け入れることになったのかをまず伺いました。

受入れ団体である女川魚市場買受人協同組合の参事・事務局長をつとめる遠藤貢さん（五二歳）のお話から、実習生制度受け入れに関する基本的考え方、受け入れ環境の整備など、事前に周到に準備されていたことが明らかになりました。

「女川町で外国人実習生を受け入れることになったのは、ごく最近のことです。須田善二郎町長（前々町長）時代に、町長の諮問機関に商工会、協同組合、町当局（担当・産業振興課）を網羅した『二一世紀懇談会』という組織がありました。そこには私らの組合員である佐藤水産社長・佐藤仁さんも加わっていました。

たしか一九九九年頃の懇談会の議論だったと思いますが、町の主要産業である漁業は若年労働者は不足するし、女工さんも高齢化しているなかで、将来を展望した場合、『外国人技能実習制度というものがあるらしい。これを活用すれば町の活性化につなげられるかも』ということで、導入の考え方を決めたことが出発点になっています。担当する団体は商工会はどうかという意見もありましたが、やはり漁業関係が適切だという結論でした。

それを受けて協同組合の役員会で確認し、準備を始めることになりました。

まず佐藤水産社長・佐藤仁さんのお父さんである佐藤輝夫さんにご足労を願い、送り出し機関は、取引先のある中国の大連

女川魚市場買受人協同組合の仮事務所

と交渉していただきました。実習生の宿舎は佐藤水産社長の元自宅を改造し準備しました。さらに受け入れに関しては、県内の先進地域である気仙沼、塩釜に研修に行って見聞したり、諸手続きなどについては公益財団法人国際研修協力機構（ＪＩＴＣＯ）（参考資料三を参照）が助言、指導、関与していることなど、順次理解を深めていきました。

　一年目は有能な一人の中国人女性を対象にして教育し、彼女を軸に、翌年からは二〇人というように順次増員していきました。最初から教育のカリキュラムを持ち、私（遠藤貢）も教育の一部を担当いたしました。生活指導員には各社社長の奥さんか女性事務局員を配置したためトラブルもなく、順調に受入れ企業と人数が増えていきました。そういう努力の観点が正しかったことは経過が証明しています。

女川港周辺の、かつて水産加工団地があった跡

　女川町に限っていえば、以上の経過から、実習生制度の導入は町の官民あげての事業であり、単なる思い付きとか一時的な都合で導入したのではないことがご理解いただけると思います。また最初から『中国人研修生は将来にわたって町と長くお付き合いをする人材として尊重する』という精神が基礎にありました。またそういう受

来日直後、第一陣の研修生（サンマ漁船を背景に、2010 年）
―福井氏提供―

け入れをして経験を積んでもらうことが、『中国に将来有能な人材を送り出すことになるだろう』と考えました」

　このように遠藤貢さんの談話から、当初は町長の諮問機関「二一世紀懇談会」が主体となって外国人実習生制度の受け入れを決めたこと、決めるに際しては実習生の人権尊重の視点から、日本語教育のカリキュラム作成、女性の生活指導員の配置、宿舎の手配などが細かに検討されていたことが分かります。

　女川魚市場買受人協同組合の代表理事が高橋孝信氏です。二〇〇三年七月八日に開かれた総会で、定款に「外国人実習生制度の受入れに関する事項」を挿入することが決定されました。それまでの協同組合の定款は「目的等」として以下の六つの項目（①

組合員の用に供するための共同製氷の建設及びその管理、②組合員の取り扱う水産物の共同加工、③組合員の経済的地位の改善のためにする団体協約の締結、④組合員の事業に関する経営及び技術の改善向上又は組合事業に関する知識の普及を図るための教育及び情報の提供、⑤組合員の福利厚生に関する事業、⑥前各号の事業に付帯する事業）が定められていました。

総会で、この項目は新たに第三番目の重要な位置につけ加えられ、合わせて七項目になりました。

定款の変更については、仙台法務局石巻支所に登記する手続きがとられました。

誇らしげにカツオを手にした中学生
（女川第一中学校玄関のモザイク壁画）―1965 年頃制作―

三　震災時は港近くの一九社に分かれて作業中

次に、大震災直前、一六二人の中国人実習生はどのように配置されていたかを確認してみます。

女川魚市場買受人協同組合からいただいた名簿に基づいてまとめると表2となります。

まず買受人協同組合を受入れ団体とする中国人実習生の企業と人数は表2の通りです。

表2　女川町実習生所属状況

(1)女川協同組合関係	2010年末現在	
	会社名	人数
1	佐藤水産㈱	14
2	㈲丸三木村商店	6
3	ワイケイ水産㈱	29
4	㈱高政	14
5	㈱丸一阿部商店	16
6	㈱山長遠藤商店	6
7	㈱長七堂	4
8	㈱岡清	5
9	東洋冷蔵㈱	5
	小計	99人
(2)みやぎオーバーシ関係		
1	㈱和田商店	6
2	東日本フーズ	3
3	㈱ヤマホン	3
4	ヤマホンベイフーズ	4
5	長栄水産㈱	9
6	エンドーシーフーズ	9
7	㈱サンエー水産	8
	小計	42人
(3)個別関係		
1	ほくと食品	6
2	千倉水産㈱	9
3	㈱三好屋	6
	小計	21人
	合計19社	162人

佐藤水産㈱、㈲丸三木村商店、ワイケイ水産㈱、㈱高政、㈱丸一阿部商店、㈱山長遠藤商店、㈱長七堂、㈱岡清、東洋冷蔵㈱の九社、実習生は合わせて九九人

です。また女川町にはすでに石巻にあるみやぎオーバーシー協同組合を受入れ団体とする中国人実習生が居りました。この系統からの受入れ企業と人数は表２⑵の通りです。
㈱和田商店、東日本フーズ、㈱ヤマホン、ヤマホンベイフーズ、長栄水産㈱、エンドーシーフーズ、㈱サンエー水産の七企業、実習生は四二人です。

さらに個別に他の受入れ団体から中国人実習生を導入していた企業もありました。それが表２⑶のほくと食品、千倉水産㈱、㈱三好屋。以上三企業二一人です。

つまり単純に一六二人と言っても、主要な二系列とその他の団体から受け入れるという、複雑な経過をたどって女川町に来ていた合計一六二人の中国人実習生が、一九の企業に分かれて実習をしていたという状況でした。

内陸側に立地していた企業もありますが、ほとんどの会社は海岸ぞいにありました。つまり中国人実習生の働いていた現場は、大部分が大津波の危険に直接さらされていたのです。

以上から、一六二人は一ヵ所で働いていたわけでなく、さまざまの企業に属し、立地、規模や内容がそれぞれ違っていたことがまず明らかとなりました。

四　それぞれの企業で手だてをつくす

それでは大震災の時、それぞれの企業はどう対応したのでしょうか。以下可能な限り企業ごと個別に見ていきます。

瞬時の判断と指導―佐藤水産㈱の場合（一）

まず佐藤水産㈱ではどうだったでしょうか。

三・一一のあの日のことについて、研修生の日本語教育に携わってこられた福井忠雄先生が日中友好新聞二〇一一年六月五日号と二五日号の記事で、佐藤水産㈱での震災時の状況の実際について次のように書いています。

「中国では想像もできない大揺れの地震の後に出された大津波警報。佐藤水産で働く二〇人の中国研修生（全員女性）は恐怖におののきながら、裏山の小さい神社に通じる石段の登り口で、寒空のもと震えながら立っていた。

昭和三五年（一九六〇年）のチリ地震津波では、そこは十分な安全地帯だった。そこに息せき切って走って来たのが会社の佐藤充専務（五五歳）だ。『ここじゃだめだ、上の神社に行けー』。

先頭に立って石段を登り神社に研修生を誘導すると、人数を確かめ、神社の裏の部屋のカギを開けて言った。『寒い人はここに入っていいからな。がんばれよ！ばらばらになるなよ！』言い終わると専務は階段を走り下り、工場の者が全員避難したか確かめに再び工場に入っていった。そのとき大津波が猛烈な勢いで神社の数メートル下まで押し寄せた。

恐怖におののきながら前方に目を転じると、渦を巻く濁流の中で工場の屋根に必死にすがっている専務の姿が飛び込んできた。『専務さーん！専務さーん！』。全員が泣きながら叫んだ。

研修生の一人・韓麗敏さんは買ったばかりのビデオカメラを持って避難し、この間の様子をカメラに収めていた。津波が去った後、研修生たちは目の前に広がる地獄のような光景と、大好きで尊敬する専務さんが波間に消えたことで恐怖と悲しみに包まれ、誰一人として神社の小部屋に入らず寒空の下で泣いていた。

佐藤水産の研修生たちが
逃げ込んだ神社のある高台

佐藤水産㈱の社長は、この時すでに弟の充専務のほかに二人の社員が行方不明になっているのを知っていた。その悲しみをおくびにも出さず、次の日研修生たちを町民の避難場所である女川町総合体育館に連れて行き、落ち着かせた。電気も水道も一切ない中、女川町で働いていた一六二人の中国研修生は、数ヶ所の避難所で町民といっしょに数日を過ごした。

やがて町と大連の派遣機関との交渉がまとまり、三月一七日からの二日間、研修生は迎えのバスに乗って、新潟空港から帰国した。一人残らず、全員怪我も病気もなく無事に。ただしほとんど自分の荷物を持たず、身一つでの帰国だった。

大連に着いた佐藤水産の研修生たちから、自らの命を賭した佐藤充専務の勇気ある行動を聞いた中国の報道機関は、韓麗敏さんの撮った映像とともに、いっせいにトップニュースとして中国全土に報道。そして韓国でも大きく報道された。その後日本の報道機関の知るところとなって、インターネット、新聞、テレビ等で大きく取り上げられた。

女川町はサンマ、銀ザケの水揚げ高では全国で三本の指に入るほど有名だが、佐藤水産㈱専務の佐藤充氏は、早大法学部卒の人格円満な人物で、バブル崩壊とともに東京支店から故郷に戻り、会長の佐藤長六氏、社長で兄の佐藤仁氏を助け会社経営に当たっていた。

年代を超えて人望が厚く、郷里女川町の文化振興やスポーツ活動にも積極的に関わり、町の教育委員も勤めていた。

四月一〇日、仙台駐屯の自衛隊員によって遺体が発見された。四月一一日、実兄である佐藤仁氏によってご遺体が確認された。

四月一三日、秋田市で火葬が行なわれた。

四月二〇日、中国語専門のCS放送会社「大富」（東京都）の社長、張麗玲さん、中国の情報通でテレビにもよく出る東洋学園大学教授の朱建栄さんら数人の在日中国人代表団が女川町を訪れ、日本在住の中国人から集めた義捐金計二千万円を女川町長の安住宣孝氏に届けた。佐藤専務の勇気ある行動から女川町に贈ると決めたという。一行は佐藤専務の机があった場所に献花した後、研修生たちが避難した神社にも参拝した。

五月五日、専務の家族葬が行われた。看板等の表示もなく、花輪や盛花も一切お断りだった葬儀場に、中国大連市副市長から届けられた盛花だけが正面に置かれていた。研修生を家族同様に大事にすることから、ここで働いていた研修生たちは帰国後も会社を慕ってやまない。そして佐藤充専務はいつも研修生全員から尊敬され慕われる存在だった。

佐藤水産には、もう一人研修生担当の新田亘氏がいたことを忘れてはならない。彼も優しいまじめな人物で、経理の傍ら研修生の面倒をよくみていた。町の消防団員でもあった彼は、津波警報とともに町民の避難誘導にあたっていたが、その後行方不明になってしまった。佐藤水産ではもう一人社員が行方不明のままである」

福井先生はまた、再来日した中国人実習生たちに、当時に関する手記を書くよう勧めました。そうして出来あがった手作り文集「私たち女川に戻ってきました」に二九編の手記が収録されています。当の実習生たちはどう行動したのか、今どう思っているかの記録です。

本書は福井先生の許可を得て、そのいくつかを掲載することにします。

再来日した実習生たちの手記より―佐藤水産㈱の場合（二）

まず佐藤水産㈱関係の二つの手記を紹介します。

「地震無情人有情」　郝春飛

「三・一一、本来だったら普通の日でした。しかし二〇一一年三月一一日は、日本の東北地方でマグニチュード九・〇の地震が発生し、その地震が大きかったために大津波を引き起こし、多数の人々が住む家を失う大災害となってしまいました。

思い起こすと、あの日は曇りで寒く、ちらほらと小雪が舞っていました。私たちの会社はお休みで、私は一年生の王英と図書館に行き読書して、それからは東洋館とおんまえ屋スーパーで買い物をしました。地震が起きた時は丁度スーパーで買い物をしていた時で、私たちは買い物かごを持って、買いたいものを選んでいました。突然地面が揺れ出しましたが、普段も地震には慣れていましたので、はじめのうちは気にもとめず、そのうち収まるだろうと思っていました。しかしこの日の地震は違っていました。電気が消え、真っ暗になりました。私たち二人もそこの従業員もみな走って外に出ました。

地震は一向に収まる気配も見せず、ますます大きく猛々しくなりました。私たちは互いにしがみづいて立っていました。そばの日本人が身振りでしゃがみなさいと示したので、立っていては危険だと思い、しゃがんだまま互いにしがみついていました。近くの車がいっせいにエンジンをかけ始めたので、あたり一面揺れとともに轟音が響き渡り、まるで鉄砲の弾倉の上にいるみたいでした。大きな植木鉢が並んで倒れ、タイルが粉々になって床に散乱し、電柱が大きく左右に揺れていました。私は地球最後の日が来たかと思いました。一〇分くらい恐怖の苦痛が続いた後、地震はようやく収まりました。

私たちは、買い物かごの品物をもとに返して宿舎に向かって走りました。いつもだったらそんなに長い距離じゃないのに、宿舎が遠く感じられました。それは、気が動転していたからでしょう。何せこんな場所、映画では見たことがありますが、未だかつて未経験でしたから、今でも幻の世界になっています。コンビニ付近の地面が割れて、大きな口が開いていました。街頭のスピーカーがひっきりなしに何かを言っていますが、何をいっているか分かりませんでした。人々がてんでんばらばらになって、車で逃げようとしているのを見て、私たちも加速して走り続けました。橋のそばにたどり着いて、もう疲れて息が絶え絶えの状態でしたが、ふと橋の下を見た時、海水が猛烈な勢いで遡っているのが見えて恐ろしくなりました。その時、王英が『走ろう！このままだと私たち水の中で死んじまうよ！』と叫びました。そこでまた二人で押したり引っ張ったりしながら走り続けて、やっと宿舎に着きました。

宿舎に仲間の研修生は誰もいませんでした。不安感とあせりでいっぱいになりながら宿舎の中を見渡すと、あたり一面、品物が散らばってめちゃくちゃになっていて驚きました。（中略）

あの日の実習生 20 人を見守った神社

外に出るとまた地面が揺れだしました。長野さんの奥さんが車の中にいるのを見かけたので『研修生はどこに行ったか分かりませんか』と尋ねましたら、『多分ここ』と、場所を教えてくれました。そこで、そこに向けて走りましたが、着いてみると誰もいません。又焦りと不安感が頭をもたげた時、ふと、そうだ、神社へ行ってみようと思いました。神社に通じる階段の下まで来た時、みんながいるのが見えました。その時のうれしさは言いようがありません。私たち二人はこうやって仲間と会うことが出来ました。

地震は神社の下の階段にいる私たちに絶えず忍び寄るように襲ってきて、互いにどうしていいか分かりませんでした。その時、佐藤充専務さんが私たちの所に走って来て、私たちを上の神社に連れて行きました。神社の扉を開け、賽銭箱に小銭を入れました。これはきっと日本人の神社への礼儀習慣なのでしょう。専務さんは私たちにこう言いました。『ここにいれば安全。怖がることはないよ。これ以上怖いことは何も起きないから』。

そして階段を下りて行きました。この時、誰が分かったでしょう。二度とお会いすることができなくなることを。

青黒い海水が無常にも猛烈な勢いで、神社に向かって押し寄せて来ました。宿舎も社長さんの家も、会長さんの家も、私たちの目の前で海に呑み込まれました。私たちは慌てふためいて、その小山の一番高い所に移りました。全員が泣いていました。そして奇跡が起きることを願い、天上の神に心底から祈りました。

水は神社までは来ませんでした。本当に幸いでした。もしあのまま津波がさらに続いたら、私たちはどうなったか、考えるだけでぞっとします。

有難いことに社長さんと会長さんは私たちのことを忘れてはいませんでした。暗い中、私たちを連れて泊めてくれる家を探しました。水も電気もありません。でも冷たい風が当たらない場所で過ごせたらいいのです。私たちは一〇人ずつに分かれて二軒の家にお世話になりました。一〇人が一枚の毛布の下で固まって過ごしました。服が濡れているのでその方が暖かいのです。ひっきりなしに余震が続きました。翌朝、服は体温で乾いていました。

二日目になり、私たちは運動公園にある大きな体育館に移りました。そこは避難所になっていて、二千人の人々が避難していました。私たちはここで一週間ちょっと避難生活を送りました。つらくて苦しいこともありましたが、この避難生活は人間の持つ親切心や友情という貴重な心の温かさを感じる生活でもありました。

昔人の言葉ですが、『人間の力は必ず大自然に打ち勝つことができる』。いい言葉だと思います。災害は非情です。でも人情を失わなければ怖さから脱却できる。肝心なことはどんな心で災害に相対するかです。

笑顔を忘れることなく、この大自然からの災害に向かっていこうではありませんか」

郝春飛さんは会社が休みで、他の実習生と二人で買物をしている時に、地震に出会ってから、他の研修生たちと合流し、体育館での避難生活を送るまでの経過を綴っています。

　佐藤充専務がみんなを励ましながら、上の神社まで誘導してくれたこと、賽銭箱に小銭を入れたこと、佐藤水産の社長、会長が実習生を一〇人ずつ二軒の家に避難させてくれたこと、そして、二千人が避難している体育館での約一週間の生活では、女川町の人々のおかげで心の温かさを感じる生活を送れた経験などを生々しく描写しています。そして、災害は非情だが、人情を失わなければ怖さから脱却できるのだ、と述べており、その気持ちが手記の題目「地震無情人有情」となったとしています。

　人間として何が大切なのか、深く考えさせられる文章でした。

「女川の心に感動」　叢偉

「地球最後の日が来たかと思わせるようなあの日の大地震と大津波は、私と同僚の研修生たちに生死の瀬戸際を体験させました。死ぬかと思ったあの日のことは一生忘れないでしょう。生まれて初めて、私たちは力強かった生命が目の前で消えてしまうのを見てしまいました。私たちは彼に向かって大声で懸命に叫びましたが、無能でどうすることもできないまま、見つめる目の前で彼の姿は波の中に消えてしまいました。生命がこんなにも脆弱なものとは。私たちは震えました。あんなにも尊い命が突如としてこんな形で失われてしまうとは。恐ろしく、また悲しくて、ただただ震えていました。彼がいなかったら私たちは彼と同じように大海の中に消えてしまったのです。助けてくださりありがとうございました。あなたに心から感謝しています。

突如として襲ってきた大津波は、一瞬の間に私たちの女川を壊滅させてしまいました。私たちが知っている人々も物も奪っていきました。多くの方々が命を奪われたり帰る家を失いました。悲しくて胸が痛み、つらく、又恐ろしかったです。一切が本当にあったとは信じ難く、まるで悪夢を見ているようでした。

その後私たちは、無事に故郷の大連に帰ることができましたが、あの八夜九日間のことは脳裏に深く刻み込まれて忘れられません。私は帰国後しばらくひきこもりのような、自分を閉じ込めるような生活をして病気になりましたが、一定期間休息したら、やや気持ちも落ち着きました。

あの大災害の中で、私たちは生きて脱出しましたが、心中に永久の痛みが残りました。今でもあの時のことを思い出しますが、本当にあったとは信じられません。でも一切が真実なのです。ため息がでます。生命はあのような大災害の前では立ちはだかるほど強くありません。意外ともろいのです。だから生きていられたということは大きな喜びであるのです。私たちは生命を大事にすべきです。私たちによくしてくれた人たちのためにしっかり生きていかねばなりません。その人たちを幸福にすることはできないけれど、喜んでもらうことはできます。

多くの方々が、私たちが何故再び日本に来たのか不思議に思っているようです。答えは簡単です。心の中に深い心配事があったのです。それは、日本でお世話になった方々、日本で知り合った方々の安否はどうなのだろうか？暖かな衣服をきているのだろうか？帰る家はあるのだろうか？そのような心配は日本に来てこの目で確かめなければ解決しないのです。それから社長さん。社長さんが会社の再建に立ち上がったことを聞いた時、私たちは喜びと奮い立つような感動を覚えました。社長さんの勇気、粘り強さに敬服しました。そして日本に戻りたいと思いました。私たちでも役に立つなら戻って社長さんを支えたい、命の恩人の専務さんに恩返しをしたいと思ったのです。そんなわけで戻る決心をし、反対する家族を説得して了解をもらいました。

期日が来て、再び見た女川。かつての美しい女川町はなくなって、津波のために廃墟となっていました。一面の空き地が広がっていました。また悲しみが湧いてきました。やはり本当のことだった。悪夢じゃない。初めて来た時に見た女川と、今眼前の女川が重なり両目に涙があふれました。

私たちはかつての女川を忘れません。命の恩人の佐藤充専務さんを永遠に忘れません。さらに、いつも私たちを応援してくれた親切な女川の人々を絶対に忘れません。皆さんありがとうございました。尊敬する日本の皆さんのために祈ります。

現在私たちは、再び前と同じ会社で仕事についています。日本人の社員の方々とまた、いっしょに働いています。この方たちの笑顔を見ていると、私たちと同じく生死の瀬戸際の体験をしたとはとても信じられません。この方たちも故郷や家族や友人、そして家屋や財産を失っているはずなのです。それなのに顔には微笑があり哀愁はみじんもないのです。私は感動しました。彼ら、彼女らの明るさ、勇気、粘り強さを私たちは敬服してやみません。

いま、どこでも頑張っている女川、奮い立っている女川を見ることが出来ます。私たちにも熱い血が流れています。日本人に感動を覚えながら私たちも頑張ります。そして期待しています。そう遠くない時期に、新しく復興した女川をきっと見ることができることを。大地の上にまた美しい女川が、富める女川が建設されることを信じています。

私は心から応援します。日本がんばれ！女川がんばれ！」

叢さんは佐藤専務が目前で海に消えたことを悲しみ、助けていただいたことに深い感謝を述べています。そして、反対する家族を説得してまで、なぜ再び女川に戻ってきたかについて書いています。それは何よりも日本でお世話になった人や知り合いになった人たちの安否を知りたかったからだと言っています。

女川での生活と被災の経験から書かれた叢さんの手記から、女川町民と実習生との深い心の交わりが伝わってきます。

佐藤水産㈱の近くにいた木村夫妻

取材中の四月二三日、佐藤水産㈱の実習生たちが七〇段の石段をかけ登った近くの小さい神社（山祇社―やますみしゃ）の山門近くを通りかかったところ、竹で何やら作業している人に出会いました。その人が木村貞美さん（八〇歳）で、山祇社の氏子総代であり、五月三日の例祭の準備をしているとのことでした。さらにお話を聞くと、木村さんは建設業で、作業場が佐藤水産の近くにあり、実習生たちの姿は日頃から身近で知っていた方でした。一挿話として紹介します。（藤村三郎記）

木村さんは奥さんのとめ子さん（七七歳）と、佐藤水産と同時刻に、直線距離にして二〇メートルほど隣り合って高台にのぼり助かりました。あの瞬間はどういう状況であったのかを証言出来る体験者と言えるでしょう。ご夫婦は現在、この神社のすぐ上にある宮ヶ崎仮設住宅にお住まいです。

「私（とめ子さん）が地震の大揺れを経験したのは町の生涯教育センターに居た時です。津波が来ると直感し、友達の車で急きょ自宅に戻りました（その間約五分）。夫・貞美に会ったのは自宅に隣接している作業場（貞美さんは建設関係の仕事で、自分の作業場があった）で、すぐ一緒に車に乗りました。作業場の鉄骨が倒れたのは車が道に出た直後でした。向かったのは、東北電力社宅前の空き地です（その間約五分）。車のラジオで津波の襲来を聞きました。夫・貞美は、せっかく斜面の中腹に着いたのに、なんと勝手に降りていき、また戻って来ました（その間約七分）。そうこうしているうちに、この空き地にも津波が寄せて来たので、車を捨てて裏山にかけあがりました」「私（貞美さん）が家に戻り、倒れた家の中から先祖代々の位牌と観音像を探し出し、先を急いだのが良かったのかも知れません。後で聞くと、津波を一目見ようと時間を使ったことが、結局生死を分けたケースが多いということです。

この神社の前総代・柳沢誠さん（八七歳）、副総代・佐藤武雄さん（八四歳）と、二人の先輩が津波にさらわれました。柳沢さんはウニなどの箱を作る柳沢工業の社長で、会社を見に戻っての死去でした。佐藤さんは一旦家に戻ってやられた。お二人ともよく、『チリ地震津波を経験しているから、どの辺に逃げればいいかということは心得ているつもりだ』と言っていた、それら先輩たちを失ったことは、悔しくてなりません」

宮ケ崎仮設住宅にお住まいの木村さんご夫妻

木村夫妻の談話は、佐藤水産の実習生たちの避難場所のすぐ近くで、人々がどのような行動をとったかの具体的証言です。いずれにしても、一瞬の判断と行動が生と死を分けたのでした。

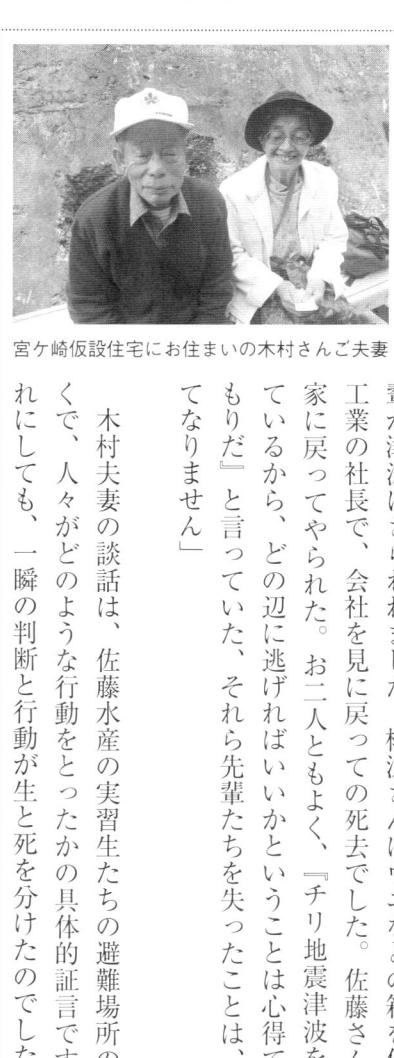

女性ならではの機転で脱出—ワイケイ水産㈱の場合

あの日あの時のことを、ワイケイ水産㈱社長の木村喜昭さん（五一歳）に話していただきました。

「私の会社では実習生二九人と通訳一人、合計三〇人を受入れていました。あの瞬間私は仙台に向う新幹線の中にいたので、当時の状況は社員らから聞きました。

津波到着までの三〇分の間に、港近くの工場に居た社員は避難させ、中国人については、残った幹部や事務員ら五人が誘導にあたりました。近くの高台にあった町立病院にマイクロバスや自家用車を使い避難させました。しかし到着した一階は海抜一六《メートル》あったにもかかわらず津波が乗り越えて来るので、三階に誘導してやっと助かったという状況でした。

さらに研修生から一人でも犠牲者を出してはいけないと考えて、一応会社からは救出したがもしや寮に残っていないかと探したところ、四人が動けないまま、すくんでおりました。寮は三階建てなので、今までの経験だと大丈夫だと思い勝ちなのに、女性らの判断ですぐに車に乗せ脱出。町立病院に運びました。まず一階へ、更に三階へと誘導。この気転のすばらしさで救うことが出来ました。事実、後で見ると、寮は跡形もなく流されていました。こういう一連の対処の中に、日本人のすばらしさ、女性事務員さんと女工員さん数人の母性本能の発揮を見ることができます。

この女性事務員さんは、自宅と亘四台も流されたにもかかわらず、自分のことも省みず適切な処置を取ってくれました。社員の中には、家に帰ったが後片付けしていて津波にさらわれた人、年寄りがいて確認に家に立ち寄った人など、六人も犠牲になっています。

この人たちに会社としてまだ何もしてやれていないと、社長として責任を痛感しています」

ワイケイ水産㈱の女性事務員たちは研修生たちの寮に引き返し、残っていた四人の実習生を安全な場所に避難させ、救ったことは特筆に値するものです。表には出なくとも、助かった一六二人の中には、他にも同じような状況に置かれた人がもっといたであろうことは容易に想像できます。なぜ、それができたのか?それは実習生制度の受け入れにあたって、女性だけの実習生に対して女性による生活指導員を配置したことの対応や、実習生を守りたいとする女川町民の考え方が根底にあったからに違いないのです。

ワイケイ水産㈱荒立工場

高台に避難させ町民と生活を共に――㈱高政の場合

㈱高政の場合を実習生の二つの手記で紹介します。

「女川が好きです」　張如意

「尊敬する先生、こんにちは。
今回このように自分の気持ちを書く機会を与えていただきありがとうございます。
三・一一の大地震・大津波を経験後、自分は成長しました。今でもあの大地震・津波を思い起こすと、不安と恐怖の何とも言いようのない気持ちになります。まるで夢を見ているような、想像しがたい時を送りました。この美しい女川町は徹底的に破壊され、廃墟と化してしまいました。

あの時は日本に来てまだ半年しか経っていませんでしたが、私はこの町が好きでした。いっしょに働く日本人の皆さんとおしゃべりをしていて、分らない言葉があると、宿舎に帰ってから辞典で調べましたから、日本語もそれなりに上達していきました。

まさかあの三・一一がやって来るとは思っても見ませんでした。あの時工場の上司たちは、私たちが乗った車を自ら運転して高台に行き、私たちを避難させました。あの緊急時の事態で、自分たちのことはさておき、中国人研修生のことを真っ先に心

現・女川町地域医療センター
（震災当時は町立病院）

にかけてくださったのです。

三月一九日まで私たちはずっと避難所で過ごしました。そこでまた思い出すのですが、そこで出会った一人の先生です。先生は避難した私たちにとても親切にお世話して下さいました。三月一二日先生は自宅に家族の安否を確かめに帰りました。そして津波のためご家族が亡くなっているのを発見したのです。このニュースを聞いた私たち全員は本当に悲しくなりました。彼は家族を失ったのです。それでも今までと変わらない態度で避難所の皆さんの世話をしている先生の姿には、私は心底から感動しました。

私たちの会社の社長さんも、毎日避難所の私たちを見舞いに来て、健康状況や生活上の問題などを気遣って下さいました。いつも見慣れたお顔に疲れがありありと浮かんでいて、つらい思いをされていることが分かりました。

大地震・大津波のニュースは、中国の家族にも伝わりました。女川の被災が大きかったことを知ったので、心配のあまり母は病気になり、毎日祈りの儀式をしていたそうです。父は仕事を休みました。当時家に連絡する方法はありませんでした。家に連絡できたのは数日後でした。

帰国後はしばらく家で静養し、気持ちが落ち着くのを待ちました。それから大連の洋品店に就職しました。それなりに毎日落ち着いた気分で過ごしていました。

一〇月のある日、前に日本行きを世話してくれた先生から電話がありました。先生から女川の現況と会社が私たちの再来を希望していることを聞かされました。受話器を置いた私の気持ちは動揺していました。どうしたらいいだろう、行くか行かないか。それからしばらくは、女川で暮らしていた当時の回想と、あの災害の様子が頭の中で絡み合っていました。やがて帰国する時の様子が浮かんで来て、迷いがなくなり、行くことにしました。このことを家族に話したら全員が反対しました。どんなに私が説明しても言うことを聞いてくれません。私は悲しくて泣いてしまいました。泣きながら母に私の気持ちや考え方を訴えました。若し今ここで行かなかったらきっと後悔する。後悔したまま今後の生活を続けたらどうする？家族は責任をとってくれる？母はようやく私の考えを分かってくれて、私の選択を許してくれました。

　こうして女川に戻ってきましたが、後悔はしていません。恩を返したい。その気持ちで来ました。私は頑張る、頑張る。女川も頑張る、頑張る。もっと頑張る」

　三月一一日の震災時、日本に来てまだ半年であった張さんは、女川町が好きだったと述べています。震災時の避難所生活では家族を亡くした人が、それまでと

再来日した実習生たち（㈱高政）—福井氏提供—

変わらず世話してくれたことが、再度女川に戻ってくる大きな動機になったと書いています。
この手記からも、女川町民と実習生との心のつながりがいかに深かったかを伺い知ることができます。

「第二の家」王聡

㈱高政本社（売店と工場）

「尊敬する先生へ

有り難う。たくさんの言葉があるけれど、やはり真っ先に言いたかったのはこの言葉でした。お世話してくれて本当に有り難う。同僚の研修生たち、一緒に仕事をした会社の人たち、第二の家、女川。

大地震・大津波は私の希望を打ち壊しました。でも私は少しも恨んでいません。むしろ感謝すべきことと思っています。それは私の人生で最も大切なものは善意ということを教えてくれたからです。すごく危険な状況下でも、両手を差し出して助ける人、励ましてあげる人、見返りなどにこだわらずやってあげる人。

今度の災難で最も忘れ難いこと、それは特に避難所にいた時のことです。一人の母親が三歳くらいの子どもを連れていました。みんな自分のことで精一杯なはずなのに、かえってその母子のために尽力しているのです。毛布、お湯、食べ物、自分は後回しで、真っ先にその母子にあげるのです。そして誰も文句を言いません。その子が安心して眠ると、みんな笑顔を浮かべるのです。そのお母さんからすれば、みんなの無私の援助を頂いていると思っているでしょうが、私たちからすると、かえってこの母子のおかげで温かい気持ちが沸いてくるのです。たとえ外に再び災難が近づいても、この親子は恐れないだろうと思いました。当時被災地で多くの子どもが亡くなり、その両親、家庭は未来を奪われました。避難している時でも連続して発生する余震の中で、どの人も生きているだけでいいと思っていました。私も自分は幸運だと思いました。

　ちょうどその頃、中国の家族は心配の極みにありました。私たちの消息が分からないために、びっくり仰天し混乱していました。あらゆる方法を駆使して消息をつかもうとしていました。新聞、テレビ、インターネット上のニュースを繰り返し繰り返し見ていました。ただひたすら幸運を祈り、無事であることを祈りながら、互いにあせりの中、七日目になって会社はインターネットが使えることが分かり、すぐに私たちの無事を中国に発信して、ようやく家族の不安は解消しました。

　このことは帰国してから分かったことです。家族がこんなにまで心配してくれたことを終生

昼間の学習風景（2010 年夏ごろ）—福井氏提供—

忘れません。その人を大事に思っているからこそ心配をし、心痛にまで至るのです。異郷にあって私は日本人から同じような温かさをいただきました。

帰国後もとの仕事に復帰しました。看護師です。慣れた仕事だったので、気持ちも次第に落ち着いていきました。酷暑の夏が過ぎ、その後の秋も深まってきた頃、会社から戻って来てほしいとの電話を受け取りました。本来の平穏な生活にまた波が立ちました。家族の阻止、繰り返される老婆心からの忠告に、すべてを放棄したくなりました。が、女川の友達、〝頑張るぞ女川〟の旗などに思い至りました。今まで以上に女川は私たちを必要としているんだ、自分も行動してあの町を支え、あの美しい容貌を元通りにしてあげたい。中国の古語に〝従者が掲げるたいまつの炎は高い〟というのがあります。力足らずですが女川の未来を支える力になりたい、転んだら直ぐ起きあがって、勇敢に未来に向かいたいと思っています。

女川に戻って来て大津波の痕跡を見ています。かつての美しい姿を思うと悲しくなります。でも慰めは、人々が元気で表情も明るいことです。今後への希望を持っていることです。大地震・大津波はもう過去のこととして、目を未来に向けていただきたい。積極的な気持ちを持ち続ければ、きっと未来に光明が射します。

二月から会社の工場に戻って働いています。知っている人たちに又会うことが出来てうれしいです。お互いに〝元気だった？〟〝全て順調だったの？〟などと聞きあっています。どの顔にも相手を心配している表情があり、気持ちが温かくなります。今やもう国境などありません。私たちは、大自然の中では小さな生き物に過ぎず、未来に対してどれほどの能力と力量を発揮できるか分かりませんが、私たちは互いに励まし合い、相互の能力を高めて未知のものに挑戦していく力があると信じています。

みんなで一致協力して、美しい女川に復興させようではありませんか。がんばれ女川！がんばれわたくしの第二の故郷！」。

王さんは被災して大変大きなことを学びました。それは人々の善意の大切さを教えてくれたからだと言っています。その善意とは何か。王さんは避難所の暮らしのなかで、避難している人たちみんなが三歳ほどの子どもをかかえている母子のために、最優先で世話してあげている姿を目の当たりにし、勇気をもらったと述べています。

再び女川に戻ったのも、これがあったからだというのです。王さんは震災を経験して、「今は国境などはない、私たちは大自然の中では小さな生物に過ぎないが、みんなで一致協力していけば、美しい女川に復興させていく力があると信じている」と書いています。

これは王さんが震災の経験から得たとても大きな教訓であり、私たち日本人が励まされ、癒される言葉です。ここでも実習生と女川町民との心の有り様が見えてきます。これは、限りなく日中友好の本質に迫っているものです。

実例から見えてきたこと

以上いくつかの例をあげておきました。この問題に向き合う時、私たちはあの瞬間の事柄の意味を繰り返し心に刻む必要があると思います。

今度の大津波では、チリ地震津波経験者の多くの人も犠牲になりました。事前の警告は十分承知の方々でさえ、恐らくここまでは来ないだろうという判断があったものと思われます。その点佐藤充さんは、幼少の時に聞いていただけなので、経験だけに頼らず、聡明な判断と決断力を持って実習生たちを誘導したのですが、その彼にして犠牲になったのです。ある企業の社長夫人は九人の実習生を誘導・避難させましたが、夫である社長と長男である副社長を含め一五人の社員が亡くなりました。これらを合わせ考えてみる時、今回の自然災害の桁はずれの巨大さを思わずにはいられません。

充さんの兄で社長の佐藤仁さんは「弟は日本人として当りまえのことをしただけ」、ワイケイ水産㈱社長の木村喜昭さんは「日本語が分からない実習生が多く、心配だった。誘導した社員は自分や家族のことよりも、実習生を助けることを優先した」と語りました。遠藤貢さんは「実習生の避難を優先し、最後まで残った人が犠牲になったのではないか。中国へ必ず無事に帰したい、という意識はどの企業も強い」と述べました。ある新聞は女川町の人々の行為について、「中国人実習生、企業が守った」「避難誘導し犠牲の社員も無事母国に思いは一つ」と報道しました。

津波常襲地の三陸には「津波てんでんこ」という伝承があります。まずはわが身を守ることが結局は全体を救うことにつながるという貴重な先祖の教訓です。ところが中国人実習生の指導にかかわった人々すべてが、生死のはざまにあったあの瞬間この教訓と違う行動をしたのではないか、そこをどう考えるのか、同時期を生きている私たちにつきつけられている課題のように思えます。

一六二人の中国人実習生が一人の犠牲者も出さず全員が助かったのはなぜか。それは女川町にはたくさんの佐藤充さんがいたからではないか。私たちはここから日中友好の本当の意味、本質を見つけなくてはなりません。

以上述べたそれぞれの企業や町民の行動、大地震・大津波という非常時に際しての実習生への対応、またいくつかの実習生の手記から、日中友好の本質が見えてきたように思います。

1980年代、全国有数の規模を誇った女川地方卸売市場全景（女川町史より）

港で出航を待つ船たち（2012年4月）

五　震災直後の救出劇を追って

避難所での実習生たち
（女川町総合体育館で）―新華社提供―

津波から一日救われた中国人実習生を、どうやって急ぎ本国に返すかが次の焦眉の課題となりました。もともと被災地での生活は困難を極めている上に、言語、習慣の違いが無用の軋轢を生まないという保障はありません。帰国にあたっての状況を、それぞれの証言を総合すると、次のようになります。

経験したこともない大災害のなか、女川魚市場買受人協同組合の懸命の、実習生探しの作業が始まりました。そして連絡がつき一定の集団化が可能という手ごたえが見えて来ました。

そうこうするうちに、震災から五日目の三月一六日午前、突然中国大使館からの派遣だということで、新潟からバスがやって来ました。正午近く、第一陣の四七人が瓦礫を越えて歩きだしたところ、町長から、またいくつかの会社社長から「待った」の声がかかりました。「怪しい人でないのか、実習生たちの身柄を本当に保証できるのか」という心配からです。路上で待機させ、連絡をとるための必死の努力が行われました。衛星回線で中国大使館の李二等書記官と通じたのが夕闇の迫る午後五時頃。バスに乗った実習生たちは新潟に一晩泊まり、新潟空港から上海空港へ。翌日の夜中一二時半に到着。一晩泊まって翌二〇日の午前八時にやっと大連に着き、家族と再会したのです。三月一七日に至って、中国大使館の趙上級大佐と李二等書記官が来町してから、帰国作業は軌道に乗りました。三月一八日には第二陣として五二八人、三月一九日には第三陣として五四人と、いずれも新潟経由で全員帰すことが出来ました。

このように、通信が途絶し寒さのなか、通常では考えられないあらゆる困難が錯綜していた中で、一人残らずの帰国を手配したことも忘れてはならない出来事です。これら一連の努力について中国側が注目し、「まれに見る快挙改めて日本人を見直した」という報道がされました。

この背景には中国大使館のすばやい対応があったことを付け加えたいと思います。中国大使館員七名は、三月一六日には仙台市役所前の市民の広場に車で到着し、そこを拠点として在留中国人の協力を得ながら安否の確認、実情の把握に務め、帰国のための仕事などを積極的に進めました。

帰国にあたって実習生の手記から

ここでは帰国に際しての出来事を記録した、実習生の陳麗華さんの手記を紹介します。

「避難所から女川を離れて」　陳麗華

「避難所でもう五日間過ごしましたが、いつ帰れるのか分かりません。家族は私たちがどうなっているのか、心配していると思います。何回も家族に電話をかけましたが通じません。父母のことが心配で焦りを感じている時、避難所に二人の中国人が迎えに来ました。彼らは中国人のボランティアで、私たちの帰国のために迎えに来たということでした。この知らせに私たちはうれしくて感動しました。彼らと女川町の組合との話し合いがあって、組合もようやく私たちが彼らと一緒に避難所を出ることを了承しました。

　迎えの大型バスは㈱高政の会社付近に停車しているということで、私たちは運動公園から徒歩で高政に向かいました。正規の道路は大地震・大津波のため通行できなくなっていました。

　突然『止まれ』と言われ、私たちはそこで立ち止まりました。聞くところによりますと、女川町の町長さんや私たちの会社の社長さんたちがまだ同意していず、彼らの身分がどうなのか確認中ということでした。私たちはその二人が偽者なのかと不安になりました。そして日本の方々が私たちの安全を心配してくれていることに気づきました。電話が思うように通ぜず、確

帰国途上の実習生たち（2011 年 3 月 17 日）―新華社提供―

認は難航しているようでした。

ようやく解決した時、すでに五、六時間が過ぎていました。私が働いていた㈱岡清の上司が来て、この間ずっと付き添っていてくれました。寒いだろうと毛布を持ってきてくれました。離れるのがつらい、もし大地震・大津波がなかったらどんなによかったことか。本当にそう思いました。

やっとバスにたどり着き、私たちは女川を離れることになりましたが、時刻はすでに午後六時をまわり、あたりは暗くなっていました。避難している研修生の中で、私たちが第一陣の帰国者になります。総勢四六人でした。岡清、ワイケイ、山長遠藤、丸一の四会社でした。その他の研修生はまだです。彼らはいつ帰れるか分かりません。新潟に向かうバスに雪は小やみなく降っていました。途中トイレ休憩以外はずっと走り続け、二人の運転手が交代しながらの運転でした。新潟に着いた時は真夜中の一二時半でした。食事はずっと取っていませんでしたが、空腹を覚えませんでした。怖い思いが続いて、今ようやく帰れるからでしょうか。でもそれは楽しさなどというものではありませんでした。

新潟に着いてすぐ私たちは行列をつくり、家に無事を知らせる電話をかけました。中国大使館の人があらかじめ無料電話を準備してくれていました。それに一人ずつおにぎり一個と鶏肉のスープをいただきました。

新潟空港の避難所は全員が中国人で、どの人も被災して来た人たちでした。ここで思ったことですが、みんな温かい気持ちを持っていました。老人や子どもを優先して飛行機に乗せたのです。私たちは直ぐには帰れませんでした。チケットを買うお金も持っていませんでしたから。

公的機関が中国の会社に働きかけて、ようやくチケットが手に入りましたが、四日間待たされました。三月一九日出発のチケットでしたが、それは上海行きでした。この時女川から第二陣のバスが到着して高政と佐藤水産の研修生が乗っていたのですが、彼女らは直接大連に向かうチケットを買うことができました。

三月一九日午後八時、上海に向かって私たち一九人が出発しました。上海到着午後一一時半。しかしこの日大連行きの飛行機はもうありませんでした。上海空港の待合室で一晩過ごし、次の日午前八時、大連に向かいました。この時のチケットは中国の会社が買ってくれました。午前一〇時頃大連に着きました。

私の気持ちはうれしさでいっぱいでした。この一〇日間ずいぶん長い思いをしましたが、ようやく帰って来れたのですから。私の家族が向うで待っているのが見えます。これまで私たちをお世話して下さった沢山の日本人、中国人の方々に心から感謝します」

ともすれば津波から救われたことだけに目を奪われ勝ちな私たちです。一時は「全町壊滅」と伝えられた女川町で、生き残った関係者がわが身を省みず中国人たちの安否を訪ね歩き確認作業を続け連絡網をつくったこと、大震災からわずか五日目以降順次帰国の手配をなし遂げたこと、これら一連の事実を知るとき、私たちはその精神の気高さに驚嘆するのです。

六　日本語教育に携わって

福井忠雄先生は中国でどう紹介されたか

この問題意識にそって、新華社インターネット新聞、二〇一二年三月二〇日記事「異郷でみんな元気でやっていますか?」から抜粋し紹介します。

記事三・一一東日本大震災被災地を行く（執筆記者孫盛林）

二〇一一年三月一一日、マグニチュード九・〇の大地震は世界中を震撼させた。福島、宮城、岩手の被災地、その中でも特に相馬、女川、気仙沼の名は大きな関心を抱かざるを得ない地名だった。私たちは中国大使館や領事館に代わって被災した中国人や華僑の人々の所を歴訪しながら、日本人の孤児やその後見人の話に感動し、また中国人研修生を救助した後自らが津波の犠牲になってしまった日本人の話に涙した。私たちは、時にいらだち、時に喜び、時につらい思いを味わった。………まさか私とこれらの被災地の間が何かしら目に見えぬ魂で結ばれ始めているとは思いたくないが………。

大地震から一年が過ぎた。が、それは丸一日のようなものだ。私たちの兄弟姉妹そして彼らの日本人の友人や家族、みんな被災地で元気でいるんだろうか。

心配を胸に抱きながら私たちは、事実の探求と明日への期待が渾然とした気持ちで東日本大震災の被災地への旅を続けている。

福井忠雄先生のこと

福井忠雄氏は、日本の宮城県にある創立一三〇年以上の歴史を誇るS小学校の校長だった。一九九六年定年退職後、彼は校長から学生に変わった。連続して二度、六ヶ月間にわたり中国に留学した。〝学び終え帰国〟後、彼はまれにみる選択をした。……なんと中国人研修生への日本語教師になったのである。

女川町の佐藤水産株式会社の佐藤充氏が三・一一の東日本大震災で命を救った二〇人の中国人研修生は全員彼の生徒である。当時女川町には一六二人の中国人研修生がいた。

研修生たちは単身で日本にやってくる。或る者は子どもを家に置いてきて、三年間孤独に耐えねばならない。〝日本語が上手になることは、日本での生活の向上につながる〟

石巻市（福井先生の住所）と女川町は二〇キロ離れているが、彼は両地を往復しながら教え続けてきたが、楽しんで教えているから、余り疲れを感じなかったという。

中国研修生たちと福井先生

彼は研修生を女川町民弁論大会に参加させたり、国際研修機構の外国人作文コンクールに応募させたり、日本語能力試験の際には仙台や柴田町に早朝から引率をした。また女川に行く以前に常に彼の家に遊びに来ていた石巻の水産研修生二人が帰国間近の時、夫人といっしょに名峰・蔵王山の頂上を見せに連れて行ったこともある。……彼がやってきたことは、一人の日本語教師の責務をはるかに超えたものだった。

夫人は言う。……夫はいつも人のために役にたつことをやってきた。

しかし、それが出来たのはこの家にこの賢夫人がいたからに違いないのだ。

福井夫人が研修生二名を蔵王に連れて行った時の写真を出してきて言った。

〝この娘が日本に来て間もない頃、初めて我が家に来た時のことが忘れられません。彼女は私の所へ駆け寄ってきて、いきなり私の腕に抱きついたのです。目が真っ赤でした。〟

我々は分る。彼女は家が恋しかったのだ。きっと自分の母親を思い起したに相違ない。

福井先生が編集したカラーの童話シリーズを見せてもらった。

〈一休さん〉、〈花咲爺さん〉、〈舌切りすずめ〉……など。

学歴もさほどない研修生たちでも理解できるようにと、電灯の明かりの下、七五歳の先生がパソコンの前で一字一句翻訳しながら推敲を重ねている姿を想像すると、女川町の研修生にこのような先生がついていることは、なんと幸せなことかという思いを禁じ得なかった。

日本の研修生制度は常に社会の各方面から批判を浴びている。と同時に、五万人の研修生のうち四万人が中国から来ているのも事実だ。双方の要求は一定のレベル以上のものであるべきだ。彼ら研修生たちを、単に安い労働力として見るだけでなく、欠かすことが出来ない貴重な戦力としてみなし、もっと尊重されるべきだ。学習の権利や余暇の充実は保証されなければならない。その点から言っても日本語教育の充実は重要な位置を占める。

以上、福井先生夫妻が中国でいかに報道されたかの一端を紹介しました。

日本と中国の交流の永い歴史の中で私たちは、数多くの先達が両国民を結びつける役割を果たしたことを知っています。私たちは女川町で起きたこの出来事も、そうした歴史の一コマに加えられ、永く語り継がれるべき両国民の交流であったと確信しています。

七　在中国日本大使館が北京で写真展

北京共同は二〇一一年八月二七日付で、次のように報じました。

「東日本大震災で、中国人実習生二〇人を避難させ、自らは津波の犠牲となった宮城県女川町の水産加工会社専務、佐藤充さんの写真などを展示した報道写真展が、在中国日本大使館が主催する『日本文化祭』の一事業として、二〇一一年八月二六日より二八日まで、北京の図書館で開かれた。開幕式で丹羽宇一郎大使は、『この震災の展示を通じて、日本人も中国人も、隣国である日中の絆をあらためて確認する機会になればと思う』と挨拶した。会場には押し寄せる大津波や炊き出しの様子、避難所生活、地震前の田植えの様子などが合わせて展示されていた」

実は女川町でのこの出来事について、日本政府関係者のコメントを探し出すのはとても難しい仕事でした。幸い在中国日本大使館がこのテーマにそって、公式行事を開催したという報道に接することができて安堵しました。

八　被害の状況と復興の動き

表3　女川町の主な被害状況

人的被害		住宅被害	
町総人口(名)	10,014	町総数(棟)	4,224
死者(名)	467	全壊(棟)	2,923(66.1%)
死亡認定者(名)	327	避難状況	
行方不明者(名)	34	最大避難者数	2011年3月13日
確認不能(名)	3	人数(名)	5,720
生存確認数(名)	9,183	場所(ヶ所)	25
津波被害		仮設住宅	
最大高さ(m)	17.5	戸数(戸)	1,294
侵入区域(ha)	320	場所数(ヶ所)	30
被害面積(ha)	240	みなし仮設(戸)	430

一時「全町壊滅」と言われた女川町。その被害状況を同町震災対策本部の資料（二〇一二年一月一〇日付）から一部紹介します。表3で主な被害状況を示しました。

ご覧のように、三月一三日には、町人口の約六割が避難所に殺到したのです。最大津波高は一七・五メートルに達しました。地震と津波による被害は甚大で、死者は行方不明者を加えると八三一名に達し、総人口の八・三％にもなります。生存確認は九千名強ですが、現在同町に在住しているのは六千名台に減少していると言われています。

次に、復興に向けて目立った動きを紹介します。

サンマの水揚げが八月から始まるのに、絶対必要な大型冷凍・冷蔵庫が破壊され困り果てていたところ、四月一九日に至って、中東のカタールから貯蔵能力六千トンの施設建設資金として二〇億円の全額支援が決定。急ぎ建設し、一〇月一三日、大型冷蔵庫「マスカー」の操業記念式典が開かれました。

六つあった商店街がすべて流され不便が続いていましたが、四月三〇日、同町浦宿浜の女川高校グラウンドに約五〇店舗が出店した「きぼうのかね商店街」がオープンしました。この建設資金はアメリカの水産会社などから支援を受けたものです。「きぼうのかね」というのは、今は流されて跡形もないＪＲ女川駅にあったからくり時計に四つあった「カリオンの鐘」の一つ。偶然駅裏のがれきの中から完全な形でたった一個が発見されました。いまは女川の復興を願う象徴となり、商店街の名称としても採用されました。

カタールの支援で完成した冷凍冷蔵庫（2012年4月13日）

昨年出来なかった念願のサンマ祭りは九月二三日、町立運動公園グラウンドで雨のなか、盛大に開かれました。女川魚市場買受人協同組合は一〇月二〇日、東京・日比谷公園で「秋刀魚（さんま）収穫祭in日比谷」を開きました。これは大震災で発生した町の瓦礫を受け入れている東京都に感謝の気持ちを示すため、初めて企画されたもの。女川港に水揚げされたサンマの炭火焼きとすり身各一万匹分を前日から用意して提供し、さらに生さんま一〇匹を詰めた箱三千個など合計六万匹を無料で配り、心意気を示しました。

　これには地元から組合員や町、観光協会関係者ら八〇人が参加したほか、募集したボランティアに一二〇〇人が応募しキャンセル待ちになるほど、関心を集めました。

希望の鐘商店街（2012 年 5 月 11 日）

希望の鐘商店街の人たち

総合運動場で開かれた、さんま収穫祭（2012 年 9 月 23 日）

「秋刀魚（さんま）収穫祭 in 日比谷」のにぎわい（2012 年 10 月 20 日）

九　期せずして同じ行動をとったわけ

夜の勉強会（佐藤水産）—福井氏提供—

福井忠雄先生は、日本語教育のかたわら、中国人研修生の勉強と生活をつぶさに見てこられました。福井先生からお話を伺いました。

「中国人研修生とのご縁は二〇〇一年頃からですから、かれこれ一〇年以上ということになりましょうか。中国語の勉強をしたいというのが私の長い間の念願でしたが、現役時代は忙しくて、思うように出来ませんでした。退職後、思い切って北京の大学に私費留学し、中国語漬けの生活を体験し三級の資格を取得。帰国してから仙台の二つの中国語講座に通い、二級に合格致しました。そういうことからか、女川町に来ている研修生の教育を担当してくれないかというお話があり、喜んで引き受けました。

女川町で実習生受け入れの責任母体は「女川町魚市場買受人協同組合」です。この組合から依頼されて私と共に「日本語教育」

を担当し、私以上に実習生のお世話をしてきたのが、東北学院大学講師の佐久間明秋先生（女性）です。

佐久間先生は、中国黒竜江省のご出身で、大学卒業後日本人の佐久間氏と結婚され石巻市に来られた方です。中国語を駆使しての日本語教育ですから、私よりはるかに実効的でした。日本での生活適応のための全体研修では常に通訳を務めていました。その他にも研修生が病気になったり、問題を起こした時には真っ先に駆けつけて、会社の方々と一緒に対応していました。佐久間先生に病院に連れて行ってもらった実習生が何人かいるはずです。

現在、東北学院大学で中国語講座を担当している他に、石巻市の外国人子女教育や中国料理講習などの分野でも活躍されています。全国的に外国人実習生への日本語教育の実態は、研修時間や講師の専任等で厳しい指摘がされている中で、規定通りの研修時間をとり、外部から2人も招聘して担当させているのは、全国でも女川町だけかもしれません。

研修生が仕事に従事できるのは三年間が限度ですが、最初の一年目に一定の教育を施すことが義務づけられており、試験に合格しないと次に進めない制度なので、その準備のための夜の授業も担当しました。初めは試験勉強だけの担当でしたが、研修生の中で何人かは個人的に『日本語能力検定試験に合格したい、ぜひ教えて下さい』と申し出る熱心な子がいるものですから、結局放っておけない立場になり、ボランティア精神で毎年数人の研修生を指導することになりました。

実際問題として、勉強を大目に見る会社とそうでない会社があります。その点、数社は立派で、特に佐藤水産㈱は日曜日の夜の勉強場所として二階の事務所を提供し、テキスト代などを負担してくれました。また『日本語を上手になって帰国しなさい』と激励していました。労働した後での勉強はつらいものがあると思いますが、それでも何人かは夢を捨てないで励み、日本語検定試験に挑戦し一級をとる子が現れました。私として、こういうことに生き甲斐を感じ暮して来たのだと思います。

佐藤水産㈱の仁社長は、中国人研修生を、女川町の場合は単なる労働力として見てはならない、『人まかせをやめよう』という考え方を常々口にされております。仁社長自身、中国人と接するなかで、自分のなかにある日本人の偏見を克服して来たと言います。それは他の会社でもいえることです。町民の国際感覚の豊かさも注目すべきです。亡くなった佐藤水産専務の佐藤充さんは日常的に英語を駆使し、アラスカやアメリカと取引していました。港町では佐藤水産㈱に限らず、広く世界に目を向けて仕事をしています。また付け加えれば、もともと漁民は言葉は荒いが気持ちが温かく、やさしさを持っている人たちです。

三千トン級の地方港湾女川港は、かつて『かつお』など日本一の遠洋漁業の基地、三年前まではサンマの水揚げ本州一、銀鮭、ほやは日本一など、業界をリードしてきたことにプライドを持っています。

以上の経過と環境を踏まえれば、関係者たちが期せずして『中国の姉こだず、一人も死なせるな、笑われっからな、女川の恥だからな』と力を尽くしたわけがご理解いただけるのではないでしょうか。

これは佐藤水産に限りません。会社ごとに、女川第一中学校に、総合体育館に、町立病院に、近くの集会所に、それぞれ誘導しました。旅館に連れて行った例もあります。津波に会った経験のない異国の若い女性たちが、自己判断で逃げることなど絶対に出来なかったと断言できます。そういう条件の中で、すべての現場で瞬時の判断力と果断な指導力を持った人物が居たからこそ、全員救助につながったのです」

以上、福井先生の談話から、自分の経歴や女川町における実習生との関係、また女川町の水産各社の実習生に対する視点や国際感覚、女川町の風土などが詳しく紹介されており、なぜ実習生一六二人が助かったのか、次第にその理由が理解出来るようになりました。

十　泉支部として生かしていきたいこと

以上の見聞、経験から以下の二つの観点でまとめてみます。

一つは、大震災にきちんと向き合うことです

東日本大震災は、地震、津波、原発事故という、人類史上かつて経験したことのない複合大災害として、もともと疲弊させられていた東北三県を中心に襲いました。

確かに震災は不幸なことですが、「被災地救援」という点で、国民的連帯感が生まれ支援の行動の輪が広がりました。これは史上まれな状況です。世界各国からの支援もあい次ぎました。

その際大震災にどう立ち向かうということに出来合いの答えはありません。それぞれが自らの条件のなかで自らの責任で解決すべき事だからです。

しかし一歩踏み出せば、感動的な出会いが生まれ、むしろ支援者たちの生き甲斐となるのです。

私たち泉支部は一般のボランティアみたいに力仕事だとか物資運びは出来ないが、現地を訪れて実感し、女川に寄せる思いを海産物のお土産として持ち帰る、そういう形での、泉支部な

らではの支援の形として「日帰りツアー」を呼びかけ、第一回目の訪問を実現しました。まずは足を踏み出したことを確認し、今後につなげていきます。

二つは、女川町の出来事から学ぶことです

仙台で日中友好運動をやっている私たちに出来ること、それは一六二人一人残らず津波から守った女川のこの出来事から深く学ぶことです。

　かつて東京大震災の時、「井戸に毒をまいた」などという根も葉もない流言蜚語にまどわされて、六千人を越える韓国人、四百人を越える中国人が虐殺されました。絶対主義天皇制のもと官憲がまきちらした悪宣伝に乗せられたとはいえ、当時の多くの国民はアジア諸国民への偏見にとらわれていたということです。東日本大震災で女川町民は、「日本の庶民は本質的に日中友好の立場にたっている」ことを、身をもって示してくれました。歴史は無駄に過ぎて来なかったことを知らされました。

　女川町の方々は、日本人の多くがとらわれている民族的偏見を克服する努力を重ねており、また国際性豊かです。将来この地に日中友好協会会員が増え、支部がつくれる条件に満ち満ちていることを痛感しています。日中友好の旗がこの地に立つ、そういう援助が出来ればいいなと考えています。

十　泉支部として生かしていきたいこと

女川町役場仮設庁舎

参考資料

参考資料一

大震災後、中国政府がどのように激励し、具体的に支援したかについてはあまり知られていません。参考資料一は泉支部が中国大使館から直接いただいた資料のうち、当面必要と思われる二つの事項に限り抜き出し、編集者の責任で配列したものです

中国からの支援・激励

その一　温家宝総理、日本の被災地を訪問

女川町での中国人実習生が助かったこの出来事は、中国の温家宝首相が取り上げて言及したことにより、改めて広く知られることとなりました。

（東京二〇一一年五月二一日新華社発）

「温家宝国務院総理は二一日、日本の宮城県名取市と福島県福島市の被災地を訪問し、中国政府と人民を代表して、被災地の人々に心からの見舞いを述べた。

仙台空港に着いた温家宝首相は、ただちに車で名取市に向かった。至る所破壊された地震・津波現場を見ながら、温総理は同行の現地関係者からの説明に耳を傾けた。跡形もなくなった漁業組合の場所で、犠牲者に花束をささげた。館腰小学校体育館や吾妻総合運動公園の避難所で、被災者と一緒に座り、膝を交えて語った。そして被災状況と現在の生活状況についてたずね、深い同情の気持ちを表し、頑張って郷土を再建するよう励ました。温総理は避難所に生活物資を贈り、子どもたちにはパンダの縫いぐるみと四川地震被災地の青少年が折った千羽鶴を贈った。

　被災地の華僑・華人と留学生に祖国人民からの挨拶を伝え、身体を大切にするよう、また仕事が順調で生活が平安であるよう祈ると述べた。

　温家宝総理は内外記者団に演説し、質問に答え、次のように述べた。福島と宮城を訪れて人々を見舞うことにしたのは、中国人民の日本人民に対する同情と慰問の気持ちを直接表すためだ。今日、今回の大災害が日本人民に残した大きな傷跡を見て、沈痛な思いだ。地震と津波は人々の故郷を破壊したが、その意思と自信を打ち砕いてはいない。日本人民は必ず困難を克服し、よき古里を再建できると信じる。

　大震災の発生直後、中国人実習生を避難させて津波から守り、自らは犠牲となった宮城県女川町の水産会社役員の行動に関し、『大変すごい精神を見た』『彼は周りがどこの国の人であろうとも救うべきだと考えた。私は彼を高く評価したい。中国人民に対する日本人の友好的な感情を知った』と絶賛した。

温総理は次のように述べた。自然災害の前で、人類は共同体だ。中国と日本は一衣帯水の隣国であり、なおさら互いに援助し、同舟相救い、協力を求める必要がある。われわれは中国で大きな災害が起きた時、日本政府と人民から強力な支援が寄せられたことを忘れてはいない。中国政府と人民は引き続き日本の災害救助と震災復興を支援する。中日友好の基礎は両国人民にあり、双方の共同の努力を通じて、中日関係はたえず改善され、発展するものと信ずる。それは両国と両国人民の根本的利益に合致し、アジア及び世界の平和と発展にも役立つことだ」

引渡証書

中華人民共和国政府は、中華人民共和国の政府及び国民による日本国の政府及び国民への友好の意を表し、日本国の政府及び国民が東北地方太平洋沖地震による甚大な被害を克服することを支援するため、日本国の政府及び国民に対し、緊急人道支援物資（３０００万元分）並びにガソリン１万トン及びディーゼル油１万トンを無償で提供し、責任を持って日本に輸送した。

中国側は、２０１１年３月１４日から４月３日までの間に、上述の物資及び燃料（詳細は別紙のとおり）を分割して日本に輸送し、日本側に引き渡した。日本側は、上述の物資及び燃料を全て受領した。

本引渡証書は、２０１１年４月２２日に東京にて署名された。日本語文及び中国語文を一式とし、それぞれが一式ずつ保管し、二通は共に同等の価値を有する。

中華人民共和国政府
代表
中華人民共和国駐日本国特命全権大使
程　永華

日本国政府
代表
日本国外務副大臣
伴野　豊

物質の引き渡しを行う中国駐日大使館の呂克倹公使（左）と
日中経済室の古谷徳郎室長（右）（2011 年 3 月）
中国駐日本大使館提供

物資移送する中国貨物船　中国駐日本大使館提供

参考資料二

これだけ「国際化時代」と言われながら外国人労働者をいかに受入れるべきかについての国民的合意はほとんど進んでいません。この問題を検討していく上で参考資料二の「考え方（案）」は示唆に富んでいると思われるので全文紹介します。

外国人労働者問題に関する全労連の基本的考え方（案）

Ⅰ 「外国人基本法」（仮称）を制定し、多民族・多文化共生の社会をめざす

全労連は、我が国が「外国人基本法」（仮称）を制定し、他民族・多文化共生の社会をめざすことを提言する。国際的に確立されていない外国人の基本的人権や内外人平等・内国民待遇、社会保障制度・教育の諸権利などを確立するものである。同時に、外国人に対する「ワン・ストップ行政サービス」の体制確立を図ることも目的とする。

在日来日外国人の「社会統合」への政府・自治体の役割を明確にさせるとともに、永住・定住する外国人の行政、司法への参加や雇用、社会保障などを広く保障するための基本的事項を定め、国民的合意を形成していくこととする。

Ⅱ　外国人労働者受け入れの基本的考え方

将来にわたる受け入れについては更なる検討を図ることを前提に、当面、外国人労働者の受け入れは、現行制度で「在留・就労資格」が認められている「専門的な知識・技術・技能を必要とする職種」に限定し、その資格を充たす者とすべきである。その際、外国人労働者と国内における労働者の雇用や労働条件を守るためにも、我が国の労働者と同等の労働条件などでの就労を保障すべきである。日系二世、三世などの労働者についても、我が国の労働者と同等の労働条件・権利確立などを求めていく。

いわゆる「一般労働」を可能とする「在留・就労資格」の緩和は、国内労働者の就業機会減少や労働市場の二重構造など国内の雇用不安を招き、労働条件の引き下げに繋がる恐れもあることから、認められない。

全労連主催の外国人実習生問題シンポジウム
（2012 年 2 月 25 日）

Ⅲ　研修生・技能実習生制度の見直しについて

「団体管理型」の研修・技能実習制度は廃止すべきである。新規受入れを停止し、現に在日中の研修・実習生の労働条件に関する実態把握を行い、同等待遇違反や法令違反等の是正措置を講ずべきである。

Ⅳ　経済連携協定に伴う外国人労働者受入れについて

ＥＰＡ協定などによる看護師・介護福祉師などの安易な受入れは行うべきでなく、相手国の国家資格を相互に認証することも認められない。わが国の国家資格が必要な医師等の職種への就業は、日本国内の資格取得とコミュニケーション可能な日本語能力を前提とすべきである。ホームヘルパーなど資格制度が未整備でいわゆる一般労働者との区別が困難な労働者は受入れに反対する。一方、現に受け入れた外国人労働者については、同等待遇や法令順守を求めていく。

（註）全国労働組合連合会（全労連）は、労働組合の有力なナショナルセンターの一つ。事務所は東京都文京区湯島二―四―四全労連会館内。全労連は労働法制の「自由化」に反対し、働く者の雇用と権利を守るため闘っています。その観点から、外国人技能実習生制度導入に反対して来ましたが、現実に行われている外国人労働者に対する人権無視や劣悪な労働条件押し付けなどから派生するさまざまな問題解決のため活動しています。

参考資料三

発展途上国からの労働者受入は、従来は主に大企業が自社の必要に応じ、それぞれ行ってきました。これを企業単独型といいます。他方、外国の送り出し機関と連携し商工会や協同組合などが技能実習生を受入れる方式も進んできました。これを団体管理型といいます。一九九〇年に至って五省共管で公益財団法人国際研修協力機構（ＪＩＴＣＯ）が設立され一元的に管理することになりました。これは国の労働政策の一つの転換点といえるものです。参考資料三はその理解の一助として収録するものです。

公益財団法人国際研修協力機構について

（JapanInternationalTrainingOrganization,JITCO）について（パンフレットから抜粋）

ＪＩＴＣＯとは

ＪＩＴＣＯは、一九九一年に、法務、外務、厚生労働、経済産業、国土交通の五省共管により設立された財団法人です。二〇一二年四月に公益法人に移行しました。

本部東京都港区浜松町一―八―一六　住友浜松町ビル四階

外国人技能実習・研修制度について

一九六〇年代後半頃から、海外の現地法人などの社員教育として行われていた研修制度が一九九〇年に改正され、我が国で開発され培われた技能、技術、知識（以下「技能等」という。）の諸外国への移転を通じて経済発展をになう「人づくり」に貢献するため、資本・取引関係がない中小企業でも団体を介した受入れが可能となりました。また、一九九三年には、雇用関係の下で、より実践的な技能等の習得が可能な技能実習生制度が創設されました。そしてこの度、研修生の法的保護、その法的地位の安定化を図るために、研修・技能実習制度の見直しが行われ、二〇〇九年七月の入管法の一部改正により、新しい外国人技能実習制度が、二〇一〇年一月から施行されました。

JITCO パンフレット（表紙）

ＪＩＴＣＯの役割

外国人技能実習・研修制度の適正かつ円滑な推進に寄与することを基本として、以下を使命とします。

一　技能実習生・研修生の受入れを行おうとする、あるいは行っている民間団体・企業等や諸外国の送出し機関に対し、総合的な支援・援助や適正実施の助言・指導を行うこと。

二　技能実習生・研修生の悩みや相談に応えるとともに、入管法令・労働法令等の法的権利の確保のため助言・援助を行うこと。

三　制度本来の目的である技能実習生・研修生、送出し機関等を支援すること。

外国人技能実習制度の概要

技能実習制度は、最長三年の期間において、技能実習生が雇用関係のもと、日本の産業・職業上の技能の習得・習熟をすることを内容とするものです。受け入れる方式は、企業単独型と団体管理型に大別されます。

団体管理型の場合、技能実習生は入国後に講習（日本語教育、技能実習生の法的保護に必要な講義など）を受けた後、実習実施機関との雇用関係の下で、実践的な技能等の習得を図ります。技能習得の成果が一定水準以上に達していると認められるなどして「技能実習二号」への変更許可を受けることにより、最長三年間の技能実習が行えます。（以下略）

参考資料四

日本中国友好協会とは

Ⅰ　日本中国友好協会

事務所　東京都千代田区西神田二―四―一　電話〇三（三二三四）四七〇〇

協会の歴史、沿革について

日本中国友好協会は、中華人民共和国建国（一九四九年）の翌年の一九五〇年一〇月一日、幅広い分野の人々のよびかけで創立。両国の友好関係を進め、アジアと世界の平和をめざす団体です。

中国との国交がなかった一九五〇年代から貿易や文化交流を行い、国交回復の実現に努力。戦後中国に残された在留邦人の帰国促進、戦時中に日本へ強制連行され死亡した中国人の慰霊、遺骨送還などを行ってきました。

友好と平和を大切に、文化交流をはじめとした楽しい活動をすすめています。また中国とも協力し、友好交流を続けています。好きな気持ちさえあればＯＫ！日本と中国の友好を願う日本国民であれば誰でも会員になって、活動に参加することができます。

会費について

普通会員月九百円（送料別）　賛助会員（送料別）月千五百円　団体会員（送料別）月千円
準会員（新聞購読のみ）月四百円　入会費二百円（以下略）

Ⅱ　日本中国友好協会宮城県連合会

事務所　仙台市宮城野区鉄砲町一六六番地　プラザ和光二〇五号
　電話〇二二（二五六）二九二八

宮城県連の結成は一九五二年七月二四日であり、二〇一二年は結成六〇周年です。

宮城県連の日常活動の特徴は、日本と中国の民衆どうしの友好交流をすすめることをめざしています。中国の文豪魯迅仙台留学の事績を研究、顕彰する活動をすすめて、魯迅記念碑の建立（一九六〇年）、魯迅留学中の資料収集と調査・魯迅医学ノートの翻訳活動（二〇〇五年以降）などを研究者と市民の共同で行っています。

日中戦争の反省から、日中不再戦と平和を求める活動は日中友好運動の出発点であり、「軍都仙台史跡めぐり」を市民共同の活動として行っています。

中国文化に親しむ活動として、中国語講座、太極拳講習会を日常的に開いて好評です。

中国との関係は今後ますます近く、深くなります。この機会にご一緒に日中友好運動をすすめましょう（以下略）

表４　日本中国友好協会泉支部講演会（例会）の一例

回	開催年月日	演題	講　師
1	2004・3・21	山西省の公害問題（日中の空に国境はない）	高橋礼二郎
2	2004・5・30	三国志の魅力	三部　正樹
5	2005・3・31	残留孤児の方々を交えて（中国料理と共に）	
15	2007・8・18	残留孤児訴訟終結へ（新支援策について学ぶ）	角張　紘
20	2009・2・10	中国建国前後をめぐって	渡辺　襄
27	2012・6・23	中国人実習生―162 人全員が助かったのはなぜか	藤村　三郎
＊	2009・4・14 ～	10 回連続講座「中国文学史散歩」	阿部　兼也
＊	2010・7・31	シンポジウム「日本人の偏見を克服する道」	パネラー４名

＊印は泉支部が提案し、宮城県連の行事となったもの

Ⅲ　日本中国友好協会宮城県連泉支部

連絡先　仙台市泉区将監一三―一七―四
電話　〇二二（三七二）八二七七
岡村朋子方

泉支部発足と今まで

仙台市泉区内に中国と日本人民交流の窓口を開こうと二〇〇三年一〇月一九日に結成されました。

泉支部の会員は約三〇名。年末には総会を開き、活動のまとめをし、翌年の方針を立てて活動してきました。毎月の理事会と隔月の例会を開き、隔月の機関紙「日中泉」の発行を継続しています。近年は二〇一一年三月十一日に発生した大震災によって被害を受けた女川町について、ブックレット発行や見学ツアーなどを実施している。

年二回程度の講演会のほか、新年会、お花見会、食べる会などを開いています。今までの主な活動例は表4にまとめて示しています。

他に特筆すべきこと

二〇〇九年二月一五日に五年史「日中不戦をかかげて五年間の歩み」発行。二〇一一年一〇月二三日、第一回泉祭り開催。他に、泉支部主催の太極拳サークルがあります。

あとがき

　私たちは日本中国友好協会の中にあって、ささやかながら活動を続けてきました。講演会「山西省の公害・日中の空に国境はない」、「三国志の魅力」、「残留孤児の方々と共に」、講座「中国の文学史散歩」、シンポジウム「日本人の偏見を克服する道」、そして「日中友好泉祭り」などです。これらの活動をしていても、「日中友好の本質とは何だろう？」は心の中で消えることのない課題となっていました。

　そうしたとき、最初に述べたように、支部役員の藤村三郎さんから「女川町バスツアー」の提案が二〇一二年初めにあったのです。二〇一一年三月一一日、女川町に来ていた中国人実習生一六二人全員が一人の犠牲者も出さず助かったというのです。女川町の人口約一万人のうち、八百人以上の死亡・行方不明者を出した女川町においてです。これには何か深いわけがあるのではないかと考え、泉支部役員が藤村さんを中心として現地調査をすることにしました。八回にわたる調査から分かったのは、次のようなことでした。

　津波の当日、実習生は女川町の海岸近くにある一九の会社で作業中でした。どこの会社も優先的に実習生を避難させたので、一六二人全員が助かったのでした。なぜ、女川町で、このような奇跡的なことがおきたのでしょうか。この間、双方のたゆまぬ努力によって、女川町民と実習生たちとの間に、言語や慣習の違いは、違いとして受け入れ、互いの人格や立場を尊重し、信頼し合うという心のつながりが、強く育まれていたからでした。このことを示すのが、本書で紹介した、実習生制度導入の経緯、企業や町民の実習生を見る目、日本語教育に携わった人、実習生の手記であったといってよいでしょう。

人間は、最も困難な状況に置かれた時、その本質が現れると言います。大津波が押し寄せた時、女川町にはたくさんの佐藤充さんが居たのです。かつて中国の四川大震災の時、日本の救援隊が活動し、また遺体に手を合わせている日本人の姿が広く報道され、中国の日本人観を変えたと伝えられています。災害時の救援から得た友情は人々を強く結びつけます。私たちは、日中友好の真のあり方を、身をもって示してくれた女川の人たちに感謝しつつ、今後に生かさねばならないと考えています。

このような思いから、泉支部は、本書の前身となる同名の自家製版ブックレットを二〇一二年一一月三〇日に刊行しました。ブックレットは、たくさんの読者を得て、大きな反響を呼びました。ブックレットの編集に関わった泉支部のメンバーは、日本と中国が厳しい関係に置かれている今こそ、ここに盛られた日中両国民の交流内容は、日本語だけではなく、中国語でも紹介され、多くの両国民に読まれ、永く語り継がれることで、両国の友好のあり方を深く考える契機にすべきだと考えました。そこで泉支部は、現・元中国人留学生、すなわち盛福剛、陳甜、張宇星各氏等に分担下訳を依頼し、山形大学で中国語を教授されている解澤春氏に全体の統一と補正、監修を引き受けて頂き、中国語版を完成させ、装いも新たに、日中両国語で本書を刊行することになりました。

本書を刊行するにあたり、趣旨に深くご賛同を頂いた、中華人民共和国駐日本国特命全権大使の程永華様から両国の友好を願う序言を、また日本中国友好協会会長の長尾光之様から挨拶文を頂くことができました。ここで再度両氏に対し、心より篤くお礼を申し上げます。

本書およびその前身である同名のブックレットの編集をするに当たり、多くの方々のご協力を得ました。特に福井忠雄先生のご協力なしにこの本は出来ませんでした。女川町訪問にあたっては、石巻市在住の芳賀芳昭さん、また女川町議の高野博ご夫妻には町内を案内していただきました。中国大使館から多数の貴重な資料を頂戴しました。また、日本中国友好協会宮城県連合会、阿部兼也会長からは中国語の監修をいただきました。以上の皆様に深く感謝申し上げます。

最後に、泉支部の志を諒とし、本書の刊行を決断して下さった社会評論代表、松田健二氏に、泉支部を代表し感謝の意を表します。

本書を皆様にお届けできることを、大きな慶びとするものです。

日本中国友好協会宮城県連合会泉支部・支部長

高橋礼二郎

編集委員のひとこと

岡村朋子／佐久間太平／佐藤光男／高橋浩太郎／中村幸雄／萩原富夫／藤村三郎

女川を訪ねたとき、懸命に働く研修生の姿を工場の厚いガラス壁を通して見せていただいた。いつの日かあの「壁」をとりはらい、直接手を握って「よくがんばったね。私の父の世代がお国でやったことを許してね。仲よくしようね」と話せたらいいなあ。（岡村朋子）

魯迅ゆかりの地、宮城県。充専務をはじめ多くの方々の尽力は、すでに歴史の一コマとなり、日中友好にまた新たな光が点されました。この度の事蹟に学びながら、今後とも平和、友好に微力を注いで行きたいと思います。（佐久間太平）

私は女川町については、原発の町との認識しかもっていませんでした。今回、この本の編集で、はじめて女川町が漁港としての大きな役割があり、多くの中国人実習生によって水産業が支えられていることを知り、驚きました。その実習生を偏見なく家族のように大切にしてきた女川町民の心の広さに、感動しました。そして、両者の絆から、日中友好の一端を僅かながら感じることができました。（佐藤光男）

中国人実習生が全員津波から助けられたのは、女川町として、人間として佐藤さんたちが活動していたからです。その教訓と奇跡を広げ生かすにはどうしたらよいのでしょう。塩釜市でも中国人実習生たちが企業人に助けられ、後に日本へ復帰しています。その絆が働く喜びにつ

ながっており、それが大きな遺産となるのではないでしょうか。（高橋浩太郎）

発刊の話が持ち上がった時、私は、この様な本が果たして被災された方達の支援に繋がるのだろうかと少なからず疑問に思っていました。藤村氏を中心に何度も女川町を訪問されて少しずつ中味がまとまって行くのを見るにつけ、その思いは薄れてゆきました。この度、すばらしい本に仕上がって感激しました。ここまで纏められた方々に心からお疲れ様でしたと言いたいです。（中村幸雄）

中国では『理性愛国、反対暴力』という成句が広まっていると云う。宮城県女川町で起った『中国人実習生一六二人全員』の津波からの救出は、女川町民がまさにそれを行動で示した。いつまでも語り継がれる出来事だ。（萩原富夫）

こういうテーマで本にまとめようと志し、日中泉支部のみなさんと力を合せて努力した結果、仕上って本当に良かったと思います。新しい出会いがあり、涙と感動がありました。復興の力に、国際連帯促進に、すこしでもお役に立てたらたいへん幸せです。（藤村三郎）

大震灾时在女川町遭遇海啸的中国实习生
162 人全员获救揭秘

2014 年 3 月 11 日　第 1 版第 1 次印刷发行
藤村三郎　著
监　修　高桥礼二郎　大村　泉
中文语监译　阿部　兼也　解　泽春
编　辑　日本中国友好协会宫城县联合会泉支部
发　行　㈱社会评论社
东京都文京区本乡 2—3—10
电话 03（3814）3861 传真 03（3818）2808

大震災時女川町で津波に遭遇した中国人実習生
なぜ 162 人全員が助かったか

2014 年 3 月 11 日　初版第一刷発行

藤村三郎　著
監　修　高橋礼二郎　大村　泉
中国文監訳　阿部兼也　解　澤春
装　幀　吉永昌生
編　集　日本中国友好協会宮城県連合会泉支部
発　行　㈱社会評論社
東京都文京区本郷２－３－１０
☎ 03(3814)3861
http://www.shahyo.com

大震灾时　在女川町遭遇海啸的中国实习生

162 人全员获救揭秘

乘大巴准备回国的实习生(2011年3月17日)

－中国驻日本大使馆提供－

序　言

2011 年，日本发生了 3.11 特大地震，并引发海啸灾害和福岛第一核电站事故，给日本东北部等地区造成了巨大的人员伤亡和财产损失。灾害发生后的那一年，我五次前往福岛、宫城、岩手等重灾区，慰问当地受灾民众，直接目睹灾区惨状，对地震海啸灾害给当地造成的巨大损失深感痛心。

中国政府和人民在灾害发生后迅速以各种形式提供了慰问和援助，向灾区派遣了国际救援队，无偿提供了大量灾区急需的燃油等物资援助。中国驻日本使馆和驻新潟总领馆也为救援行动和灾后重建倾尽全力。作为中国大使，我十分挂念在灾区生活、工作的中国人，当日即派出使馆首批工作组，在通讯、交通中断的困难状况下连续驾车 19 个小时赶赴灾区，第一个目标就是宫城县。中国大使馆在地震后始终保持 24 小时应急机制，并先后向灾区派遣了 5 支救援队伍，帮助受灾的华人和当地日本民众。据统计，大约有 3 万中国人在受灾地区工作生活，其中技能实习生占有很大比例，他们分散在东北各地，很多是在沿海地区工作，海啸直接威胁了他们的生命。灾害发生后，当地民众给予他们无私的帮助和救援。佐藤水产的佐藤充先生为搭救中国技能实习生献出了宝贵的生命，他的事迹在中国广为人知，感动了很多人。在日本友好人士的帮助和中日双方协助下，很多在日华人受到救助，合计约 1 万名中国侨民临时撤离回国。现在奉献给读者的这本书由藤村三郎先生等走访灾区采访亲历者编写而成，真实记述了灾区发生的感人故事，中国驻日本大使馆也提供了相关资料。此书在大地震三周年之际，以中、日两种

文字出版，具有特殊的意义。

中日互为重要邻国，目前由于众所周知的原因，两国关系面临困难局面，这不符合两国和本地区的共同利益，既非国际社会所期待，也非我们所乐见。中日“和则两利、斗则俱损”，这是两国两千年交流历史总结出的宝贵经验，也是两国老一辈政治家对我们的谆谆教诲。希望两国各界有识之士继续支持和关心中日友好事业，推动两国关系重新回到正常发展轨道。

中华人民共和国驻日本国特命全权大使

程　永　华

二〇一四年三月

致　词

2011 年的地震、海啸和核电站事故，还清清楚楚地遗留在我的记忆之中。我本人居住在福岛市，亲身体验了 5.4 级地震，断电两天电话不通。

来自岩手、宫城、福岛、茨城等地的受灾情况源源不断地传来，其中，女川町的 162 名中国女实习生全员获救的消息，作为一个“奇迹”，传遍了整个日本乃至中国、亚洲以及全世界。

日中友好协会泉支部认为，这个奇迹不能局限在短暂的新闻报道。他们先后 8 次派人前往女川，广泛深入地采访了水产公司的有关人员、女川町政府有关部门和町民，并将采访记录加以整理、翻译，编辑了这个包括日中两国文字的版本。

书中收录的几位实习生写的手记是该书的精华部分。“青黑的海水凶猛地袭来，眼看着我们的宿舍、社长的家、会长的家都相继被吞没在海水中。我们惊慌失措地转移到小山上最高的位置，所有人泣不成声。”（郝春飞）这个手记，是在当地从事日语教育的福井忠雄先生让重返日本的实习生写的优秀作文集中的一篇。

为接收中国研修生，女川町政府和水产公司都做了周到细致的准备工作，第一年先培训了一名中国女研修生，然后以她为核心，从第二年起陆续增加到 20 名。女川町的中国实习生接收工作，是官民同心协力举办的一项事业。正因为有这样坚实的基础，震灾时实习生才及时获救，随后在有关人员家里和体育馆避难时，受到女川町民亲如家人般的关怀。

也正是因为有了这个基础，才实现了中国实习生的顺利回国、以及重返女川。

现在，根据“外国人研修、技能实习制度”来日的中国人等外国劳动者所面临的恶劣的就业条件和生活环境等问题亟待解决。长期以来，女川町作为渔港繁荣兴盛，富有浓厚的国际化气息。在接收实习生时又做了周到细致的准备工作，与町民之间建立了牢固的信赖关系。正因为如此，才出现了这个奇迹。此后，他们跟研修生之间依然保持着良好的关系。可以说，他们真正实现了日中友好的宗旨。

日本中国友好协会会长

长尾光之

二〇一四年三月

目　录

一　前　言

首先介绍一下本书的出版经过。

在今年（2012 年）1 月 9 日召开的日本中国友好协会宫城县联泉支部理事会上，去年 3 月 11 日发生的大震灾中，女川町 162 名中国实习生全员获救的事迹成了热议话题。

作为日本人，谁都想为大震灾救援出一份力，不过，如果没有合适的机会，是很难迈出第一步的。但是，宫城县是重灾区，宫城的日中友好协会能发挥怎样的作用，海啸受灾地又该如何实施救援，这是不可回避的课题，是我们考虑问题的出发点。在讨论的基础上，我们成立了由支部干事组成的编辑委员会。

为了解实习生获救的详细经过，截至去年 10 月，泉支部多次深入当地走访调查。所到之处,海啸肆虐过后的惨状，令我们悲伤万千。在这座小城中，每十人中就有一人遇难，几乎每个人身边都有遇难的亲人和朋友。所以，在我们走访中，提起“中国人获救了”,“得救了”的话题，难免会有些为难。但是，女川町民还是很认真地接待了我们这些素昧平生的来访者。

在得知生死关头所发生的一系列重大事实之后，我们深深感到，不能把它仅仅看作是一场短暂的灾难，它关系到日中友好应汲取的教训，有必要完整地记录下来。同时，通过这件事，我们想加深与女川町民的交流，为今后灾区重建尽一份微薄之力。这是符合日中友好精神支援灾区的一条途径。

表1 泉支部实地走访调查日程表(2012年)

月·日	走访地点	采访人（当地向导）
2月27日	女川町	（芳贺芳昭）、高桥礼二郎、中村幸雄、冈村朋子、佐藤光男、藤村三郎
4月17日	女川町各水产公司	（高野博）、小野三郎、藤村三郎
4月23日	鱼市场协会事务所（临时）	佐久间太平、藤村三郎
4月25日	高政株式会社、YK 水产株式会社	藤村三郎
5月11日	福井忠雄家、宫城越海协会、石卷日日新闻社	萩原富夫、藤村三郎
7月3日	女川访问团町内视察、参观高政株式会社	（高野博夫妇）、高桥礼二郎、中村幸雄、冈村朋子、佐藤光男、藤村三郎、其他5人
7月30日	福井忠雄家	冈村朋子、藤村三郎
9月23日	秋刀鱼节会场、希望之钟商店街、卡塔尔援建的冷冻冷藏设施	藤村三郎、其他

时至今日，让受访者回想事情的整个经过是很困难的。本书的很多内容来自受访者的证言和书信的直接引用。请读者在了解上述情况的基础上阅读此书。

表1是泉支部实地走访调查的日程表。调查从2012年2月2日开始，至9月23日共计进行了8次。

走访调查之初，当地的芳贺芳昭先生、高野博夫妇最先为我们介绍了事件的整个过程，然后我们又在居民中进行了单独采访。本书是走访调查后的成果总结。在此，向为本书提供支援和帮助的各位表示由衷的感谢。

(左)倒塌的江岛共济会馆、女川海产品市场(后)、七十七银行女川支店

二　女川町实习生制度导入的经过

震灾后返回中国大连的韩丽敏，在震灾前曾是佐藤水产株式会社的实习生，震灾时她拍摄了一段视频，记录了日本人佐藤充先生舍身营救中国实习生后遇难的壮举。这段视频在中国国内播放后，随之传到全世界，传到日本。温家宝总理去年 5 月 21 日出席中日韩三国首脑会议时，在赴名取市灾区慰问途中谈到此事时说 :“我知道他的这一义举，并且高度赞赏。从他身上，我看到了日本人民对中国人民的友好感情”。

在详细了解这一事迹之前，让我们先来看看女川町接收中国实习生的经过。

接收实习生的团体是女川鱼市场采购者协会，我们采访了担任协会参事兼事务局长的远藤贡先生（52 岁）。从远藤先生的谈话中我们了解到，他们导入实习生制度的基本想法、完善接收环境，以及事先所做的周到的准备工作。

町内震灾的痕迹随处可见（2012年4月）

“女川町接收外国实习生，是最近刚刚开始的。

须田善二郎町长（前任

町长）时代，町长的咨询机构中有一个由商工会、协会、町政府（产业振兴课）组成的叫做‘二十一世纪恳谈会’的组织，我们协会的会员佐藤水产社长、佐藤仁先生就是其中的一员。

女川鱼市场采购者协会临时事务所

我记得好像是 1999 年的恳谈会上，提到我们町的主要产业是渔业，缺乏年轻劳动力，女工趋于高龄化。在大家展望未来时，有人提到‘好像有一项外国人技能实习制度，如果能灵活运用的话，也许能搞活町内的产业’。于是，大家决定导入这项制度，接收工作由此开始。关于接收团体，有人提议由商工会来承担这项任务，但是考虑到和渔业有关，最终担子落到了我们身上。

协会干事会上决定接受这项任务，便开始了准备工作。

首先委托佐藤水产公司社长、佐藤仁的父亲佐藤辉夫与中国大连的合作公司进行了交涉。实习生的宿舍是由佐藤水产公司社长原先住过的房屋改造而成的。另外，我们还去县内率先接收实习生的气仙沼、盐釜等地进行了参观考察，在接收手续上得到了公益财团法人国际研修协力机构（JITCO）（参见参考资料三）的建议、指导与帮助，对实习生制度有了更深层次的理解。

第一年，我们首先培训了一名能力出众的中国女性，以她为核心，从第二年起逐步扩招了 20 人。一开始，我们就制定了一份培训方案，我（远藤贡）也承担了培训的一部分

女川港周边、以前的水产加工团地所在地

内容。生活指导员是由各公司社长的夫人或事务所的女职员来担任，接收工作进展顺利，接收企业和人数也渐渐多起来了。结果证明，我们之前所做的努力是正确的。

单以女川町为例，从上述情况可以了解到，实习生制度的导入是官民共举的一项大事，不是一时的权宜之计。町内引进研修生的基本原则是‘视研修生为当地町民的朋友，把他们当做人才来尊重’。而且，研修生在这边积累了知识和经验‘也等于是为中国输送人才’”。

从远藤贡先生的谈话中我们了解到，当时，以町长的咨询机构“二十一世纪恳谈会”为主体，决定导入外国实习生制度，接收之际，从尊重实习生的人权的角度考虑，制定了日语培训计划，配备了女性生活指导员，妥善安排了住宿等，接收实习生的准备工作可谓细致入微。

刚来日本的第一批研修生（背后为秋刀鱼渔船2010年）
－福井忠雄提供－

女川鱼市场采购者协会的代表理事是高桥孝信先生。2003 年 7 月 8 日召开的代表大会上决定，在组织条款上追加“接收外国实习生制度的相关事项”。在这之前的协会组织条款规定的“目的”一栏中有以下六项：①供会员单位使用的制冰设施的建设及管理；②会员单位水产品的共同加工；③为改善会员经济地位与其他团体缔结协议；④改善会员单位事业的经营与技术，为会员单位普及知识提供必要的培训或信息；⑤与会员单位福利相关的事业；⑥上述几项事业中的附属事业。

会上，此项被定为第三个重要项目，组织条款共计七项。

上述组织条款的登记手续变更，取得了仙台法务局石卷支所的认可。

中学生自豪地拿着鲣鱼（女川第一中学大门上的马赛克壁画）
－1965年制作－

三　震灾时分散在港口附近 19 家公司工作的实习生

接下来，我们来了解一下大震灾发生之前 162 名中国实习生的配置情况。

我们根据从女川鱼市场采购者协会得到的名单，制成了表 2。

表2　女川町实习生所属状况

(1)女川协会		2010 年末
	公司名	人数
1	佐藤水产	14
2	丸三木村商店	6
3	YK 水产	29
4	高政	14
5	丸一阿部商店	16
6	山长远藤商店	6
7	长七堂	4
8	冈清	5
9	东洋冷藏	5
	小计	99 人

(2)宫城越海协会		
1	和田商店	6
2	东日本食品	3
3	山本	3
4	山本湾食品	4
5	长荣水产	9
6	远藤海产	9
7	3A 水产	8
	小计	42

(3)个体接收		
1	北斗食品	6
2	千仓水产	9
3	三好屋	6
	小计	21
	共计 19 家	162 人

以采购者协会名义接收中国实习生的企业和接收人数如表 2（1）所示。佐藤水产、丸三木村商店、YK 水产、高政、丸一阿部商店、山长远藤商店、长七堂、冈清、东洋冷藏等公司，共计接收实习生 99 人。

女川町还有以石卷宫城越海协会的名义接收的中国实习生。这个系统的接收企业和人数如表 2（2）所示。

和田商店、东日本食品、山本、山本湾食品、长荣水产、远藤海产、3A 水产等七家企业，共计接收实习生 42 人。

另外，还有以个体公司名义接收实习生的企业，如表 2（3）所示，北斗食品、千仓水产、三好屋等三家企业，共计接收 21 人。

总之，以两大团体和个体公司名义接收的 162 名中国实习生，分布在 19 家企业工作。

有些公司坐落在离海边有一定距离的内陆，但大部分公司分布在海边上。就是说，中国实习生的工作地点，是受海啸冲击最严重的地方。

由此可见，162 人并不是集中在一个地方作业，而是分散在各个企业，其地理位置、规模和作业内容各不相同。

四　各企业采取的措施

那么，大震灾时，各个企业是如何应对的呢？下面我们来看一下每个企业的做法。

瞬间判断和指导——佐藤水产株式会社（一）

首先看看佐藤水产是怎么做的呢？

从事研修生日语培训工作的福井忠雄先生，在 2011 年 6 月 5 日和 25 日的《日中友好新闻》上记述了 3 月 11 日震灾时佐藤水产的情况。

“在一阵中国无法想象的大摇动之后，发出了海啸警报。在佐藤水产工作的 20 个中国研修生（均为女性）惊恐万状，寒风中她们站在通向后山小神社的石阶入口处瑟瑟发抖。

昭和 35 年（1960 年）的智利地震海啸时，那个小神社是极其安全的地方。气喘吁吁地跑过来的是公司的佐藤充专务(55 岁)。‘在这里不行,快去上面的神社’。他跑到最前面，引导研修生攀登石阶到达神社，然后确认人数，并打开神社后面房间的锁，说道:‘觉得冷的人可以先进来，大家打起精神，千万不要走散了。’说完，专务顺着阶梯跑下去，又重新回到工厂去确认工厂员工是否都去避难了。这时，海啸凶猛的大浪已经涌到了神社底下数米之处。

佐藤水产的研修生
躲进位于高岗上的神社

大家惊恐地把眼神转向前方，只见专务在滚滚洪流中，紧紧地抓住了工厂的屋顶。'专务！专务！'大家边哭边喊。

研修生韩丽敏带着刚买的录像机避难，将这时的情景都录了下来。

研修生们谁都没有进神社的那间小屋，海啸退去后，她们都被眼前地狱般的景象以及她们最喜欢和尊敬的专务被海浪冲走的情景惊呆了。寒风中，恐惧与悲伤令她们泣不成声。

佐藤水产的社长这时已经知道，除了弟弟佐藤充专务以外，还有两个职员失踪了。但这种悲痛并没有让他失去理智，第二天他便将研修生们带到女川町综合体育馆避难所，让她们先安顿下来。在水电都没有的情况下，女川町工作的这162名中国研修生，分别在几个避难所跟町民一起度过了数日。

不久，经过所在町政府与大连的派遣机构协调，从3月17日开始的两天，研修生们乘坐大巴经新潟机场回国。他们都平安无事，没有人受伤生病。只是基本上都没有带什么行李，只身回国了。

中国媒体从佐藤水产的研修生那里得知佐藤充专务不顾自己安危营救她们的事迹后，将此事作为头条新闻连同韩丽敏所拍摄的录像一起，在中国全国进行报道。而且，连韩国媒体也进行了大量报道。随后，日本媒体通过互联网、报纸、电视等进行了大面积报道。

女川町秋刀鱼和银鲑鱼非常出名，产量一直位列日本全国前三位。佐藤水产专务佐藤充，是一个非常优秀的人，毕业于早稻田大学法学部，泡沫经济破灭时从东京分店回到了家乡。会长佐藤长六安排其在公司辅佐哥哥佐藤仁管理公司。

佐藤专务在公司里很有威望，他积极参与家乡女川町的

文化振兴和体育活动，还担任了町里的教育委员。

4 月 10 日，驻仙台的自卫队员发现了他的遗体。

4 月 11 日，专务的亲哥哥佐藤仁确认了他的遗体。

4 月 13 日，遗体在秋田市火化。

4 月 20 日，包括汉语广播公司 CS‘大富’（东京都）社长张丽玲，以及熟知中国情况并经常出现在电视里的东洋学园大学教授朱建荣等人在内的在日华人代表团访问女川町，并将在日华人捐款共计 2000 万日元，送到了女川町町长安住宣孝手中。他们被佐藤专务的勇气和行为深深打动了，才决定将这笔善款捐赠给女川町。代表团一行在佐藤专务的办公桌前敬献了鲜花之后，还参拜了研修生们避难的神社。

5 月 5 日，家人为专务举行了葬礼。没有葬仪的告示牌，灵堂拒绝一切花圈和花篮，只有中国大连市副市长送来的花篮摆放在正中央。这样一个把研修生当作自己家人来对待的公司，对于曾经在这里工作过的研修生们来说，即使是回国了，也将永远怀念这里，怀念她们所尊敬的佐藤充专务。

在佐藤水产，另一个负责研修生的职员新田亘也是让人难忘的。他是个温和认真的人，总是帮着经理照顾研修生。他也是町里的消防队员，海啸警报拉响时，为了引导町民避难而失踪。佐藤水产还有一名职员也失踪了。”

另外，福井先生让重返日本的中国实习生写了有关当时情况的手记，并将 29 篇手记整理编纂成文集《我们回到了女川》，记录了这些实习生的所想所为。

本书征得福井先生的同意，在此登载几篇。

摘自重返日本的实习生手记——佐藤水产株式会社（二）

首先介绍一下与佐藤水产有关的两个手记。

“地震无情人有情”郝春飞

“3.11，原本是个平淡无奇的日子。但2011年3月11日，在日本东北地区发生了9级大地震，并伴随海啸，成为了让很多人失去家园的大灾难。

记忆中，那天有点阴冷，天上零星的飘着些小雪花。因为那天公司休息，我和一年级的王英去了图书馆看书，然后在东洋馆和御前屋超市买了东西。地震发生时，我们正好在超市买东西，我们拿着购物筐，选了些想买的东西。突然地面摇晃起来，因为一般的地震也已经习惯了，所以没太在意，觉得过一会儿就会好了。可是，那天的地震很不一样。停电了，周围一片漆黑，于是我们两个人和那里的店员都跑到了外面。

地震没有像往常一样，而是越震越厉害，我们站着互相抱紧彼此。因为旁边的日本人用手势示意我们蹲下，所以我们觉得站着是很危险的，于是互相抱着蹲下来。这时，附近的汽车一齐开动了发动机，我们周围摇晃的同时，发出了震耳欲聋的轰鸣声，简直像是站在枪膛上一般。大的盆栽倒在地上，瓷盆的碎片散落一地，电线杆大幅度的左右摇摆着。我以为世界末日来了。大约这样过了十分钟，地震终于结束了。

我们把购物筐放回原处之后，迅速向宿舍跑去。若是平时，这并不是段很长的路，但此时宿舍却让人觉得格外的远。这也许就是所谓的惊慌失措吧。这种情景我从未经历过甚至

是在电影里都未曾看到过，现在想来还觉得好像幻觉一样。便利店门口被震开了一道大大的裂缝。街头的喇叭在不停的说着些什么，但我却不知道是什么意思。我看到人们纷纷开车逃走，我们也跑得更快了。好不容易跑到了桥边，已经是累得气喘吁吁了，可当我们往桥下看的时候，惊恐地发现海水正在猛烈地往上涌。这时，王英冲我大叫‘快跑，不然我们会在水里淹死的！’因此，我们两人连推带拉的继续往前跑，终于到了宿舍。

那天保护了20名实习生的神社

宿舍里，研修生一个也不在。一种不安和焦虑不由得向我们袭来，环视房间，一片狼藉，东西散落了一地。（中略）

我们一出来，地面又开始摇晃。正巧看到长野先生的太太坐在车里，便上前询问‘您知道研修生们都去哪了吗？’‘大概是这里’她把位置告诉了我们。于是我们便向她说的地方跑去，可是到了一看却一个人也没有。焦虑和不安再一次涌上心头时，突然想起了她们可能去了神社。我们跑到神社阶梯下的时候，看见大家都在，那时的喜悦溢于言表。我们两个人终于又见到了大家。

我们站在神社下面阶梯上时，余震还在一波一波地向我们袭来，我们不知该怎么办才好。这时，佐藤充专务向我们走来，将我们带到了上面的神社。打开神社的门，他向钱箱里投了些零钱，我想这一定是日本人去神社的一种习惯吧。专务对我们说‘在这里是很安全的，不会有任何危险。’

接着，他下了阶梯。此时大概谁都明白，也许我们不会再见了。

青黑的海水凶猛地向神社的方向袭来，眼看着我们的宿舍、社长的家、会长的家都相继被吞没在海水中。我们惊慌失措地转移到小山上最高的位置，所有人泣不成声，大家默默地向神祈祷，希望奇迹出现。

庆幸的是，水并没有漫过神社。我们当时只是胆战心惊地想着，如果海啸这样继续下去，我们该怎么办。

难能可贵的是社长和会长并没有忘记我们，而是带着我们在黑暗中到处寻找住处，虽然没水没电，但只要有个遮风挡雨的地方就行。我们每十个人被分成一组，分别寄宿在两户人家里。因为我们衣服湿了，所以十个人挤在一张毛毯里取暖。余震仍然持续不断。第二天清晨，我们的衣服被体温烘干了。

到了第二天，我们转移到了运动公园的大体育馆里。那里是一个避难所，有两千多人在那里避难，我们在这里度过了一周左右的避难生活。避难生活是条件恶劣并艰苦的，但同时也让人性所特有的温情与友爱长留在了我们的心间。

以前有人说‘人定胜天’，我想这是句非常有道理的话。虽然灾害是无情的，但只要不失去人情味，我们就能从恐惧中逃脱出来，重要的是我们用怎样的心理状态来面对灾害。

那就是用微笑去面对大自然带给我们的灾难。”

郝春飞描述了公司放假，她跟另一个研修生一起去买东西遇到地震之后，怎样与其他研修生会合，怎样在体育馆避难的经过。

生动地描述了佐藤充专务一边鼓励大家，一边将大家引

导到山上神社的情景；向钱箱里投钱的情景；佐藤水产的社长及会长将研修生分成十人一组分到两户人家去避难的情景；以及在有两千人避难的体育馆里大约一周的生活中，从女川町民那里得到的温暖与关怀的情景。并且叙述了虽然灾害是无情的，但只要不失去人情味就能够战胜灾害。这种感受就成了这篇手记的题目《地震无情人有情》。

文章不禁引起人们深深思索，作为人类最重要的是什么？

“令人感动的女川精神”从伟

“那天的地震和海啸让人感觉好像世界末日来到了，也让我和其他研修生体验了生死一线的感觉。那天那种让我感觉快要死了的经历，让我一生难忘。这是我们自出生以来，第一次看到鲜活的生命从眼前消失的情景。我们面朝佐藤充专务的方向大声呼喊，却无能为力，眼睁睁地看着他消失在海浪中。我们不由得震惊于生命如此的脆弱。这么尊贵的生命，突然地便以这种形式消失，这使我们既恐惧又悲痛，止不住地发抖。如果没有他，我们将像他一样消失在大海里。我们非常感谢他的救命之恩。发自内心的感谢。

突如其来的海啸，一瞬间就毁灭了我们的女川，也带走了我们熟悉的人和物。很多人被夺去了生命，或失去了家园。人们悲伤、心痛、难过、恐惧，难以相信这一切真的发生了，简直是一场噩梦。

之后，我们平安地回到了故乡大连，但那九天八夜的经历，在我们的脑海中留下深深的印记却难以抹去。我刚回国之后的一段时间，就好像得了自闭症一样，整天不出门把自己关起来。直到休息一段时间之后，心情才渐渐平复。

虽然我们活着逃出了那次大灾难，但心中却留下了永久的伤痛。至今想起当时的情景，都无法相信真的发生过。然而，这一切都是真实的。我不由得感叹，人的生命异常脆弱，在这么大的灾难面前显得非常渺小。因此，能够活下来就是最大的幸运，我们要更加珍惜生命。我们要为爱我们的人好好地活下去，虽然未必能让他们很幸福，却能让他们欣慰。

很多人都不理解我们为什么再次回到日本。答案很简单，我们心中有所牵挂。在日本照顾过我们的人，以及我们认识的人是否平安？是不是穿上了保暖的衣服？有没有回到自己的家园？这样的牵挂是必须来到日本亲眼见到才能放心的。然后，还有我们的社长。当我听到社长重建公司的消息以后，那种喜悦和振奋至今记忆犹新。我非常佩服社长的勇气和韧性，并希望重回日本。如果还有用得着我们的地方，我们一定全力支持社长，来报答专务对我们的救命之恩。正是这种重回日本的决心，让我说服了反对我的家人，并得到了他们的理解。

重回女川的日子终于到来了，昔日美丽的女川町，如今因海啸变为一片废墟。满眼的空地让我不由得悲从中来。这果然是真的，而不是噩梦。第一次来时看到的女川对比眼前的女川，我的两行泪不由得流了下来。

我们无法忘记曾经美丽的女川，永远不能忘记我们的救命恩人佐藤充专务，更不能忘记帮助过我们的亲切的女川人民。非常感谢他们，也真诚的为他们祈福。

现在我们又跟以前一样在公司里上班，跟日本员工一起工作。一看到他们的笑脸，我便很难相信他们也经历过生死的考验。他们一定也失去了家乡、家人、朋友，以及房屋、财产，脸上却没有哀愁，而满是微笑，令人感动。我们对他

们的开朗、勇气、韧性非常佩服。

现在不论在哪里，都能看到向上的女川，奋斗的女川。这让我们也感到热血沸腾，心怀日本人带给我们的感动，努力奋斗，并将希望寄托在未来。在不远的将来，我们定会看到重新复兴的女川。我相信在这片土地上会重建美丽富饶的女川。

我在心里摇旗呐喊，日本加油，女川加油！”

从伟叙述了她对佐藤专务消失在眼前的海水中感到难过和获救后的感激之情。并写了她说服家人重返女川的原因。这就是：她最想知道在日本照顾过她以及她所熟悉的人们现在是否安好。

从伟的手记中所描述的她在女川的生活和受灾的体验，给我们传递了女川町民和研修生心灵深处的交流。

住在佐藤水产附近的木村夫妇

在 4 月 23 日的采访中，途经佐藤水产的研修生们登上 70 级石阶避难的小神社（山祇社）的山门附近时，遇到了一个正在用竹子做东西的老人。他叫木村贞美（80 岁），是山祇社的氏子总代，正在为 5 月 3 日的定期祭祀做准备。交谈中得知，木村先生从事建筑业，工作地点就在佐藤水产附近，对研修生们非常熟悉。这里作为一个插话加以介绍。（藤村三郎）

木村和太太止子（77 岁）与佐藤水产的人，几乎是同一时间登上了彼此相邻直线距离约 20 米的高台而获救的。可以说，他们是那一瞬间所发生的事情的见证者。夫妇俩现在住在神社旁边的宫崎临时住宅里。

住在宫崎临时住宅里的木村夫妇

"大地震的时候，我（止子）正在町里的终身教育中心上课。凭直觉感到海啸要来了，便急忙坐朋友的车回到家（其间约5分钟）。和丈夫见面是在家旁边的工作室（因贞美是做与建筑相关的工作，有自己的工作室），然后一起迅速上了车。车子刚开走，工作室便整个倒了下来。我们来到东北电力公司住宅前的一片空地上（其间约5分钟）。从车上的收音机里我们听到了海啸袭来的消息。丈夫贞美好不容易把车开到了斜坡的半中间，却不知什么时候又滑了回来(其间约7分钟)。在这个过程中,海啸向空地涌来，于是我们丢下车往后山跑去。"

"我（贞美）回到家，从倒塌的家里找出了祖先的牌位和观音像，想着还是赶快离开这里为好。后来听说，很多人就是因为多看了一眼海啸就丧了命。

这个神社的前总代柳泽诚（87岁）、副总代佐藤武雄（84岁）和两个前辈都被海啸夺去了生命。柳泽是制作海胆等包装盒的柳泽工业的社长，因为回去看公司而丧命。佐藤一回到家就被海啸冲走了。两个人都经常说：'自己经历了智利地震海啸,知道如何去逃生。'失去这些前辈我感到很难过。"

木村夫妇的谈话，具体地证实了佐藤水产研修生们避难地点附近人们是怎样去避难的。总之，一瞬间的判断和行动便决定了人的生与死。

靠女性特有的机敏逃生——YK 水产株式会社

关于那天地震时的情况，我们与 YK 水产的社长木村喜昭（51 岁）进行了交谈。

“我们公司接收了实习生 29 名和翻译 1 名一共 30 名。地震发生的瞬间我正坐在开往仙台的新干线上，所以当时的情况是从社员那里听说的。

海啸到达的 30 分钟里，在港口附近工厂的社员都去避难了，其余 5 名干部和职员引导中国人去避难。他们利用面包车和自家的车，将实习生们带到附近位于高岗的町立医院。但是，医院一楼的海拔仅有 16 米高，很容易被海啸没过，因此又将大家带到了三楼，才使他们幸免遇难。

YK水产株式会社荒立工厂

为了确保研修生无一遇难，我们虽然从公司救出了人，但想到也许宿舍还有人，就又回去寻找，看见四个人一动不动地待在宿舍里。因为宿舍是三层楼，就以往的经验来讲是没有问题的，但以女性的直觉判断，还是将他们迅速带上车救了出来，送到町立医院。先是在一楼，后来又将他们带到了三楼。正是这种机敏拯救了大家。事实上，后来发现宿舍被海水冲得无影无踪。在这一系列的应对措施中，我们不难发现是日本人的机敏、女职员和几名女员工的母爱发挥了作用。

这个女职员，虽然自己家的房子和四辆车被海水冲走了，但她不顾自己的安危，采取了妥当的方法来应对。公司职员中，有因回家收拾东西而被海啸冲走的，或是家有老人顺便

现在的女川町地区医疗中心（当时的町立医院）

回去查看的等，共有六人遇难。

公司没有能为他们做些什么，作为社长我感到非常惭愧。”

YK 水产的女职员们返回研修生宿舍，将其余的 4 个研修生营救到安全的地方避难一事，值得大书特书。虽然没有更多谈及女职员的事例，但我们不难想象获救的 162 名研修生中有相同体验的人不在少数。为什么能获救呢？因为导入实习生接收制度时就决定，给女实习生配备女生活指导员，一定要保护好实习生，这是女川町民的基本想法。

在高岗上避难与町民共同生活——高政株式会社

下面介绍高政株式会社两名实习生的手记。

“热爱女川”张如意

“尊敬的老师：

您好！非常感谢你们给我一个记录自己感受的机会。

经历了 3.11 地震海啸之后，自己得到了成长。至今想起那次地震海啸，心中仍然感觉到一种无法用语言表达的不安和恐惧。像做梦一样，在现实中难以想象。这么美丽的女川町被彻底破坏，变为一片废墟。

那时来日本只有半年，但我非常喜欢这个小町。经常跟一起工作的日本人聊天，遇到不会的单词就回宿舍查字典，日语水平也有了很大的提高。

怎么会想到 3.11 地震就这么来了。那时工厂的领导亲自开车把我们送到高地上避难。在紧急的情况下，不顾自己的安危，先想到了我们中国研修生。

我们一直在避难所里待到 3 月 19 日，我还记得我在那里遇到了我的一位老师。老师给予正在避难的我们很多照顾。3 月 12 日，老师去自己家确认家人是否平安时，发现了因海啸身亡的家人。当听到这个消息时,我们全体都非常难过。虽然他失去了家人，但却一如既往地照顾着在避难所避难的我们，让我们从心底里为之感动。

我们公司的社长也会每天到避难所里看望我们，询问我们的健康状况和生活上遇到的问题。他的脸上浮现出倦容，想必这几天也非常忧虑。

这次地震海啸的新闻传到了我们中国的家里。因为得知女川受灾严重，我妈妈担心的一病不起，听说天天在家给我祈祷。父亲也因此请假在家。当时没有跟家里联系的方法，

重返日本的实习生(高政株式会社)－福井忠雄提供－

高政总公司（商店和工厂）

几天以后才跟家人取得了联系。

回国后，我在家静养了一段时间，心情才恢复了平静。然后就去了大连的服装店工作，每天过着相对平静的生活。

10 月的一天，之前介绍我去日本的一个老师给我来电话，告诉了我女川现在的情况和公司希望我们再回日本的意愿。放下电话，我的心开始摇摆。怎么办好呢？去还是不去？过了一会儿，我想起了当时在女川生活的情景以及灾害来临时的状况，脑海中又浮现出刚回国时的情景，于是不再犹豫决定再回日本。我把这件事跟家人一说，他们全都不同意。不管我怎么解释也不行，我难过地哭了起来。一边哭一边向妈妈诉说我的心情和想法，如果不趁现在年轻去，以后一定会后悔的。如果老是有这种后悔的心情，以后的日子还怎么过？怎么对家人负责？母亲终于明白了我的想法，同意了我

的选择。

我就这样回到了女川，我一点也不后悔。我想报答那些帮助过我的人。我要加油，女川也要加油。”

张如意说，3 月 11 日地震的时候，她来日本仅有半年的时间，她很喜欢女川。在谈到地震时避难所的生活时写道：她的一位老师家人遇难，却一如既往地照顾他们，这是她再次回到日本的动力。

这篇手记使我们感受到了女川町民与实习生之间的深厚情意。

“第二故乡”王聪

“尊敬的老师：

我有很多的话想说，可最想说的就是感谢。非常感谢大家一直以来的照顾，感谢我们同去的研修生和在公司一起工作过的人以及第二故乡——女川。

虽然地震海啸毁灭了我们的希望，但我却没有丝毫怨恨。心中充满的是感激之情。因为它教会了我，在人生中最重要的就是善意。我无法忘记那些即使是在非常危险的情况下，仍然伸出双手帮助我的人，那些鼓励过我的人，那些不求回报的人。

在这次灾难中让我最难忘的是在避难所里的经历。一个母亲带着三岁左右的孩子，本以为大家只会为自己考虑，没想到相反的周围的人都尽力去帮助这母子俩。毛毯、热水、食品，大家都不顾自己，先把这些东西送给他们母子，并且谁都没有怨言。一看到孩子安心地睡着了，大家脸上都露出了笑容。对于这母子俩而言，也许感受到了大家无私的援助，

白天学习的情景(2010年夏天)－福井忠雄提供－

但对于我们来说，反而因为这母子俩而从心底涌出了一股温情。我想即便外面有再大的灾难，这母子俩也不会感到害怕了。我在灾区看到很多的孩子死去，这对于家长来说无疑是夺去了家庭的未来。虽然在避难中也不断有地震发生，但我还是希望知道谁还活着。这时，我感到自己非常幸运。

正在此时，中国的家人都非常担心我们的情况。因为不知道我们的消息，家里在惊慌中乱作一团。他们通过各种渠道来了解我们的消息，报纸、电视、互联网上的新闻反反复复看了好多遍，一心希望我们是幸运平安的。我们互相都在焦急中度过了一周，到了第七天，知道公司可以上网了，我们马上上网给中国的家人报了平安,这才消除了家人的担心。

这些都是我回国之后才知道的，我一辈子忘不了家人对

我的这种关心。他们正因为在乎我，才会担心我，甚至是心痛。身处异乡，我也得到了日本人同样的关怀。

回国以后我又恢复了以前的工作，护理。因为是熟悉的工作，所以心情很快便平复下来。度过了酷暑难熬的夏天，进入了深秋时节，我接到了公司想让我们回去的电话。本来平静的生活又掀起了波澜。来自家庭的阻力，以及好心的忠告，的确使我想要放弃，但是却不由得想到了女川的朋友以及‘女川加油’的口号。油然而生一种从未有过的冲动，女川需要我们，我们要用自己的行动来支持它，让它恢复以前的美丽。中国有句古话叫‘众人拾柴火焰高’，虽然我的力量微薄，但是我想支持女川，使它重新站起来，勇敢地面向未来。

回到女川，看到海啸的痕迹，想起曾经的美景，感到无限悲凉。但是，让我感到欣慰的是，人们都很有精神，表情看起来很开朗。这就是面向未来的希望。地震海啸已经过去，我们应该放眼未来。我相信只要保持这种积极的心态，一定会看到未来的曙光。

我从二月开始回到公司的工厂工作，又能见到认识的人我感到很高兴。我们互相询问着‘没事吧？’‘一切都好吗？’等等。不论谁都是一种关心对方的表情，我就觉得心里特别温暖，此时已没有了国界。我们只不过是大自然中小小的生物，但是我相信我们拥有相互鼓励的力量，以提高彼此的能力去迎接未来的挑战。

大家一起努力来振兴美丽的女川吧。

加油女川！加油我的第二故乡！”

王聪说她在这次灾害中学到了很多东西，尤其是知道了

善意的重要性。善意是什么？就是王聪所叙述的她在避难所生活期间所见到的，避难所的人对带着三岁大的小孩的母子俩的特殊照顾，这个情景使她获得了勇气。

王聪再次回到日本，原因就在于此。她说经历了地震，“现在觉得没有什么国界，我们只不过是大自然中小小的生物而已，但我相信只要大家团结一致，一定有力量重建美丽的女川。”

这是王聪从震灾的体验中汲取的教训，也是对我们日本人的鼓励和安慰。由此可见，实习生和女川町民的心是相通的。这正是我们不断追求的日中友好的本质。

从实例得出的结论

上面，我们列举了几个实例。面对这个问题，我们认为有必要将那一瞬间所发生的事情的意义铭刻在心。

在这次特大海啸中，很多经历过智利地震海啸的人也遇难了。可见，连事前对海啸有充分了解的人也以为大概到不了这儿吧。佐藤充只是小时候听说过，但他并没有仅仅依赖经验，而是以其敏锐的洞察力果断地引导实习生去避难，自己却不幸遇难。有一家企业的社长夫人引导了 9 名实习生避难，然而这家企业包括社长和副社长、即她的丈夫和大儿子在内，共有 15 名社员遇难。综合这些情况来看，不禁使人感到这次自然灾害的巨大程度异乎寻常。

佐藤充的哥哥、社长佐藤仁说：“我弟弟只是做了一个日本人应该做的事”。YK 水产社长木村喜昭说：“很多实习生不懂日语，我们很担心。引导避难的社员不顾自己和家人，优先救助实习生”。远藤贡说：“优先引导实习生避难，最后剩下的人牺牲了。不论哪个企业都有一种强烈的意识，就是

一定要让这些实习生平安地回到中国”。关于女川町民的事迹，有一家报纸报道说：“企业保护了中国实习生”“实习生平安回国，也是引导避难而牺牲的社员的最大心愿”。

在经常遭受海啸袭击的三陆地区，一直传承着“海啸来临各自跑”的避难理念。先保护好自己，最终就是救了大家，这是祖先遗留下来的难得的教训。然而，所有引导中国实习生避难的人们，在那个生死存亡的紧要关头却采取了与此截然相反的举动。对此应该如何来看，这是呈现在我们这一代人面前的一个课题。

为什么 162 名中国实习生无一人遇难全员获救？这是因为女川町有无数像佐藤充这样的人。我们由此不难看出日中友好的真正意义及其本质。

80年代，全国为数不多的规模宏大的女川地方批发市场全景
（出自女川町史）

在港口等待出航的船只（2012年4月）

综上所述，从各个企业和町民的行动，地震海啸来临时所采取的应对措施，以及几个实习生的手记中，日中友好的真谛可见一斑。

五　关于震灾后的救援

如何让获救的中国实习生迅速回国，就成为下一个燃眉之急。灾区的生活本来就很困难，由于语言、习惯的差异，可能更觉得不便。综合各种证言，回国时的情况大致如下：

在从未经历过的这场大灾难中，女川鱼市场采购者协会开始了搜寻实习生的工作。经过联系他们得知，组织实习生集体回国是可行的。

正当他们具体筹划的时候，地震后第五天的 3 月 16 日上午，据说是受中国大使馆的派遣，从新潟来的巴士要接走实习生。接近中午，当第一批 47 个实习生越过瓦砾走向巴士的时候，便听到町长和几家公司的社长喊道："等一下"，"来

在避难所的实习生（女川町综合体育馆）－新华社提供－

人是否可靠，能否真正保证实习生的人身安全”？町长他们很担心，于是要求巴士稍作停留。随后，通过卫星线路跟中国大使馆的李秘书取得联系，确认之后才允许第一批实习生出发。这时已经是下午五点左右了。实习生们当天晚上住在新潟，第二天从新潟乘飞机晚上 12 点半到达上海，20 日上午 8 点终于回到大连与家人团聚。3 月 17 日中国大使馆的赵武官和李秘书来女川町之后，安排回国的工作进展顺利。3 月 18 日第二批 52 人、3 月 19 日第三批 54 人均由新潟返回祖国。

在通讯断绝气候严寒通常无法想象的各种困难错综复杂的情况下，中国实习生全员顺利回国，这是令人难忘的壮举。此事引起了中国各界的广泛关注，“少见的壮举、再次认识了日本人”等评价屡见报端。

这里我想补充一点，即中国大使馆应对的及时性。中国大使馆的七名工作人员于 3 月 16 日乘车到达仙台市政厅前的市民广场，并以此为据点，在当地中国人的协助下，积极展开了确认安危、了解情况和安排回国等工作。

回国历程：摘自实习生的手记

这里介绍一下实习生陈丽华的手记中记述的回国时的情况。

“从避难所到离开女川”陈丽华

“已经在避难所过了五天了，不知道什么时候能回家。家人肯定很担心我们现在的状况。已经给家里打了好几次电话，可都不通。正惦记父母担心我这事的时候，避难所来了两个中国人。据说他们是中国志愿者，是来迎接我们回国的。

归国途中的实习生（2011年3月17日）－新华社提供－

听到这个消息，我们高兴感动极了。他们和女川町委员会的人进行了沟通，这样，町委会终于同意我们和志愿者一起离开避难所。

来接我们的大巴停在高政水产公司跟前，我们从运动公园徒步走到了高政公司。公路由于大地震和大海啸的破坏变得无法通行了。

突然，背后有人说“停一下”，我们顿足回头一看，来了两个人。根据他们所说，原来是女川町町长和公司社长还没有同意我们离去，目前二人的情况还在确认中。我们对他们所说的半信半疑，并且开始有点不安了起来。但同时，我又感到，日本的大家也都很担心我们的安全啊。电话还是一如既往的不通，很难确认他们所说的话。

好不容易和町长联络上已经是下午五六点的样子了。我

工作的冈清公司的上司也赶来了，并一直送我们到最后。上司怕我们冻着，还给我们带来了毛毯。离别之际伤感万分，如果没有大地震和大海啸该有多好啊。我当时真的这么想。

终于走到大巴前，这也意味着我们马上要离开了。此时已经是傍晚 6 点，天色逐渐暗了下来。所有避难中的研修生里，我们是第一拨儿回国的，总共有 46 人，分别来自冈清、YK、山长远藤、丸一四家公司。其他研修生需要暂时等一等。也不知道他们什么时候才能走。去往新潟的巴士在小雪中不间断行驶着，除了中途方便的时间，一直是由两名司机交替驾驶着的。到了新潟已经是午夜 12 点半了。虽然一直没有吃饭，但也不觉得饿。可能因为之前恐怖的回忆一直在脑海里，现在终于可以回家了的缘故吧。但这也不是多么令人高兴的事。

到了新潟，我们迅速站好队，并用大使馆工作人员事先给我们准备好的电话，给家里打电话报了平安。此外我们还每人分到了一个饭团和一碗鸡汤。

所有在新潟机场避难的都是受灾之后逃难的中国人，尤其让我记忆犹新的是大家都怀着一颗温暖的心，让老人和孩子优先上了飞机。我们没带买机票的钱，因而没能马上坐上飞机。

中国政府与航空公司进行了协调，机票好不容易在四天之后到手了。航班是 3 月 19 日飞机是去往上海的。这时，以高政公司和佐藤公司为主的第二批研修生也从女川赶来了。他们买到了直接飞往大连的机票。

3 月 19 日晚上 8 点，我们 19 个人飞往上海。到了上海已经是晚上 11 点半了。但是当天飞往大连的航班已经没有了，于是我们在候机厅呆了一夜，第二天早上 8 点飞往大连。

这趟航班的机票也是中国的公司给买的。上午 10 点我们到达大连。

此时大家高兴的心情已无法形容，十天来的记忆感觉十分漫长。啊，好不容易安全回国了。这时，我看到了远处遥望着我的家人。

至此，衷心感谢给我们无微不至关怀和帮助的许许多多日本人和中国人。”

正因为是从海啸中救出来的，更加引人瞩目。在报道中被形容为“全町毁灭”的女川町，生还的町民不顾自己的窘境，构筑起联络网并到处打听中国人的安全状况，大地震仅仅五天后就安排中国人陆续回国，这一连串的事实无不让我们对那种高尚的精神所惊叹。

六　从事日语教育

福井忠雄先生在中国是怎样被介绍的

关于这个问题，我们引用新华网 2012 年 3 月 20 日刊登的题为《在异乡大家都安好吗？》的报道中的部分内容，作一点介绍。

报道 3.11 东日本大地震灾区行（记者孙盛林）

2011 年 3 月 11 日，里氏 9.0 级的大地震震撼了整个世界。在福岛、宫城、岩手三个重灾区，相马、女川、气仙沼等成为世人皆知的地名。我们代表中国大使馆和各使领馆，历访了受灾的华人华侨。日本孤儿和监护人的故事、救助中国研修生后被海啸卷走的日本人的故事，听了这些故事我们无不感动落泪。采访时，焦急、喜悦、悲怆，我们体味着灾区人民的各种心情。……虽然我不想和灾区以某种看不见的灵魂的方式结合在一起……。

大地震已经过去整整一年。但感觉像仅仅过去一天。我们的兄弟姐妹，还有他们的日本朋友及家人，大家在灾区还好吗?

怀着些许不安，带着对事实的探求心和对明天的期待，我们继续着东日本大地震的灾区之旅。

福井忠雄先生

福井忠雄是日本宫城县石卷市拥有 130 多年校史的 S 小学的校长。1996 年退休后，他由校长变成学生，曾先后两次在中国度过了 6 个月的留学生活。“学成回国”后，他做

出了常人少有的选择，当了中国研修生的日语老师。

女川町佐藤水产株式会社的佐藤充在3.11东日本大震灾中救出的20名中国研修生，全都是他的学生。当时，女川町有162名中国研修生。

研修生有的是单身来到日本，有的则是把孩子留在家里，忍受着三年的孤独。“日语水平的提高，直接关系到研修生在日本生活的改善。”

福井先生在住的石卷市离女川町有20公里，为了教日语，他往返于两地之间。福井先生说，教书很有趣，没有觉得有多累。

中国研修生和福井先生

福井先生让研修生参加女川町民辩论大会，还让他们报名参加国际研修机构组织的外国人作文大赛。日语能力测试的时候，还亲自带领研修生赴仙台市和柴田町参加考试。在去女川教书之前，两名经常到他家来玩的石卷水产研修生临近回国之际，福井还携夫人一起带她们去了当地有名的藏王山。……作为一名日语教师，福井先生所做的已远远超出了自己所应尽的职责。

福井夫人说，……我丈夫总是为别人着想。

但是，之所以能做到这一步，一定是因为家里有一位贤明的夫人。

福井夫人拿出带两名研修生去藏王时的照片说：

“这个女孩刚来日本不久第一次来我家时的情景令人难忘。她跑到我身边，突然抱住了我的胳膊。眼睛通红通红的。”

我们知道，她是想家了。她一定是想起了自己的母亲。

福井先生给我们看了他自己编辑的彩色系列童话。

《一休哥》、《开花爷爷》、《秃舌麻雀》……等等。

为了让没有什么学历的研修生也能够理解，75 岁的福井先生在电脑前借着灯光逐字逐句地反复推敲斟酌翻译成章。想到这样的情景，不禁让人觉得，女川町的研修生能跟着这样的老师学习是一件多么幸运的事啊！

日本的研修生制度经常受到来自社会各界的批评。与此同时，五万人的研修生，其中有四万人来自中国，这也是事实。双方的要求，应该是一定水准以上的。不能把研修生单纯当成廉价劳动力，应该当作不可或缺的宝贵的生力军而加以尊重。必须保证他们学习的权利，以及拥有充实的业余时间。从这个角度来说，完善现行的日语培训制度是非常重要的。

以上介绍了中国对福井先生夫妇所作的报道的一部分内容。

在日中两国源远流长的交流史上，我们了解到为数众多的前辈在构筑两国人民之间的友好关系方面所发挥的作用。我们确信，女川町所发生的这个动人故事，也为日中两国人民的友好交流史增添了新的一页，值得永远传颂。

七　日本驻中国大使馆在北京举办图片展

2011 年 8 月 27 日共同社北京报道：

“2011 年 8 月 26 日至 28 日，日本驻中国大使馆在北京图书馆举办了“日本文化节”,作为此次活动的一个组成部分，展出了东日本大震灾时为引导 20 名中国实习生避难而牺牲的宫城县女川町佐藤水产加工公司专务佐藤充的照片等。在开幕式上，丹羽宇一郎大使在致辞中说：‘通过此次震灾图片展，我希望能够为日本人和中国人提供一个重新认识日中两国之间友谊纽带的机会’。展览中还展出了海啸袭来、赈济灾民的情况、避难所的生活、以及地震前插秧的场景等。”

实际上，关于女川町的事迹，日本政府有关方面的言论少之又少。令人欣慰的是，日本驻华使馆围绕这个主题，作为官方活动举办了这次图片展。

表3　女川町主要的受灾情况

人员受灾		住宅受灾	
町总人口（名）	10,014	町总数（栋）	4,224
死者（名）	467	全毁（栋）	2,923（66.1%）
死亡认定者（名）	327	避难情况	
失踪者（名）	34	最大避难者数	（3 月 13 日）
无法确认（名）	3	人数（名）	5,720
生存确认数（名）	9,183	场所（个）	25
海啸受灾		临时住宅	
最大高度（m）	17.5	户数（户）	1,294
浸水面积（ha）	320	场所数（处）	30
受灾面积（ha）	240	准临时住宅（户）	430

八　受灾情况及灾后重建

当时，女川町被传为“全町毁灭”。这里根据女川町震灾对策本部的资料(2012 年 1 月 10 日)介绍一部分受灾情况。表 3 为女川町的主要受灾情况。

如表所示，3 月 13 日，全町约 60% 的人口涌向避难所。最大海啸高度达到了 17.5 米。

地震和海啸造成的损失巨大，包括失踪者在内，死亡人数达到 831 人,约占总人口的 8.3%。确认生还者 9000 多人，但是，现在居住在女川町的人口约 6000 余人。

下面，介绍灾后重建的情况。

秋刀鱼的装卸从 8 月份开始运营，可是必不可少的大型冷冻冷藏仓库遭到了破坏，正当渔民们发愁的时候，4 月 19 日,中东的卡塔尔国政府决定,作为支援款项提供 20 亿日元，用于建设贮藏能力为 6000 吨的设施。于是立即动工修建，10 月 13 日举行了大型冷库“智能车”投入使用的纪念仪式。

女川町以前的 6 条商业街全部被海啸冲毁，町民的生活极为不便。4 月 30 日,位于女川町浦宿浜的女川高中操场上，由大约 50 家店铺构成的被称作“希望之钟商店街”的临时商业点开始运营。该商业点的建设资金是由美国的水产公司资助的。之所以叫“希望之钟”，是因为当时女川火车站前有四个“卡里翁钟”，海啸过后本以为全都冲走了，可最后还是在车站的废墟中找到一只完好的。现在，这只钟作为女川重建的象征，商店街也以此而命名。

去年没能举行的秋刀鱼节，今年 9 月 23 日，在町立运

卡塔尔援建的冷冻冷藏库（2012年4月13日）

动公园操场上如期举行了。当天虽然下着雨，可是节日场面盛大，热闹红火。

女川鱼市场采购者协会于 10 月 20 日在东京日比谷公园举行了“秋刀鱼收获节 in 日比谷”的活动。这是为感谢东京都帮助女川町处理大震灾所产生的瓦砾而首次举行的。他们将女川港捕捞的秋刀鱼，有用炭火现烤的、也有提前做成肉泥的各 1 万份提供给市民，另外，还将未经加工的秋刀鱼每箱 10 条共 3000 箱合计 6 万条免费分发给市民，表达了他们的心意。

此次活动除了当地会员和女川町观光协会会员等 80 人参加以外，还有招募参加的志愿者多达 1200 人，引起了人们极大的关注。

希望之钟商店街(2012年5月11日)

希望之钟商店街的人们

在综合运动场举办的秋刀鱼收获节（2012年9月23日）

“秋刀鱼收获节in日比谷”的热闹场面

九　不约而同的行动

福井忠雄先生除了教授日语之外，还十分关心中国研修生的学习和生活。我们拜访了福井先生。

“和中国研修生的缘分是从 2001 年开始的，到现在已经 10 多年了吧。学习汉语一直是我的心愿。可是在职期间工作繁忙，未能如愿。退休后，我下决心去北京的大学自费留学，体验了汉语世界的生活，并取得了汉语水平考试三级合格证书。回国后，在仙台参加了两个汉语讲座，获得了二级合格证书。可能是这个缘故吧，他们希望我能担任来女川町的中国研修生的培训工作，我很高兴地接受了这个任务。

在女川町，负责接收实习生的部门是‘女川町鱼市场采购者协会’。受这个协会的委托,跟我一起担任‘日语教育’，照顾实习生比我更多的是东北学院大学讲师佐久间明秋(女)

晚上的学习会(佐藤水产)－福井忠雄提供－

老师。

佐久间老师是中国黑龙江省人，大学毕业后，与一位姓佐久间的日本人结了婚来到石卷市。她用汉语进行日语教学，效果比我好得多。为了使研修生适应日本的生活，在整个研修中，她一直担任翻译工作。另外，在研修生患病或遇到什么问题时,她总是最先赶到,跟公司的有关人员一起帮助解决。由佐久间老师陪着去医院看病的实习生，恐怕为数不少吧。

现在，佐久间老师除了在东北学院大学担任汉语教学以外，在石卷市的外国人子女教育和中国菜讲习等方面也大显身手。对外国实习生的日语教育，从全国范围来看，在研修时间和专职讲师等方面，还存在着一些亟待解决的问题。像女川町这样，按照规定的研修时间，聘请两个专职人员担任培训工作，在全国也许是独一无二的。

研修生的工作期限是 3 年。按照研修制度，第一年必须接受一定的教育，如果考试不合格将不能进入到下一阶段。因此，我还担任了夜校的日语课。起初，我只担任规定考试的部分，后来有几个好学的孩子想参加日语资格考试，请求我教他们。孩子们的学习热情我不能置之不顾，于是就每年义务辅导几个研修生。

实际上，有的公司很重视学习，而有的则不然。关于这一点，有几家公司做得很好，特别是佐藤水产，提供二楼的办公室作为研修生星期日晚上的学习场地，负担了教科书的费用。还鼓励说：‘学好日语再回国吧’。劳动之后的学习是相当累人的，即使这样，仍然有几个学生不放弃理想，有的还成功挑战日语资格考试，并拿到了一级合格证书。作为我个人来说，从中感受到了人生的意义和价值。

佐藤水产公司的佐藤仁社长认为，不应该把中国研修生

单纯当做劳动力看待，‘不要靠别人’是他常挂在嘴边的话。佐藤社长说，在同中国人的接触中，他自己逐渐克服了自己作为日本人对中国人的偏见。可以说，在别的公司也是一样的。女川町民浓厚的国际化意识也值得注目。不幸遇难的佐藤水产专务佐藤充，能自如地运用英语，跟阿拉斯加和美国有贸易往来。在这座港口城市，不仅佐藤水产一家，其他公司也是面向世界开展各自的业务。还想补充一句，渔民们说话虽然粗野，可都是热心肠，是善良的人。

女川港作为 3000 吨级的地方港口，‘鲣鱼’等曾经是日本首屈一指的远洋渔业基地，直到三年以前，秋刀鱼的捕捞量位居本州岛第一，银鲑、海鞘位居日本全国第一。女川港拥有引领业界发展的辉煌。

在了解了以上的经过和状况之后就不难理解，为什么女川的有关公司和人员不约而同，为了‘不让一个中国姐妹牺牲，不让人耻笑，不给女川丢脸’而竭尽全力了吧。

这不只是佐藤水产一家。每家公司都是如此，他们把研修生分别引导到女川第一中学、综合体育馆、町立医院、附近的集会所等地方避难，还有领到附近的旅馆去的。可以断言，从没有经历过海啸的外国女孩是决不会凭借自己的判断而去避难的。在面临自然灾害的危急关头，正是因为具有瞬间判断和果断指挥能力的人的存在，才使全员得以获救。”

福井先生给我们谈了他自己的经历以及他和女川町研修生的关系，还详细地介绍了女川町各个水产公司对待研修生的态度和国际化意识，以及女川町的风土等。为什么 162 名研修生能够全员获救？从福井先生的谈话中，我们逐渐明白了。

十　泉支部获得的启示

根据以上的见闻和体验，归纳为以下两点 ：

第一、正确面对大震灾

东日本大震灾，作为一场包括地震、海啸、核事故等人类史上从未经历过的复合大灾害，袭击了经济本已疲弊的东北三县。

震灾本身确实是不幸的，但在“灾区救援”这一点上，唤醒了国民的情感纽带，支援活动的范围扩大了。这是历史上少有的事。来自世界各国的支援也接连不断。

如何面对大震灾，没有现成的答案。因为这是每个人应该根据自己的情况自己负责解决的问题。

但是，只要迈出第一步，令人感动的事就会出现，反而使支援者感受到人生的意义。

我们泉支部，虽然不能像志愿者那样从事物资搬运等体力劳动，但可以通过对当地的访问，把海产品作为礼物带回来，以此作为泉支部支援灾区的一种形式，我们发起组织了“一日游”活动，成功地实现了第一次访问。可以说，我们已经迈出了第一步，今后将继续下去。

第二、从女川的事迹中学习

对在仙台致力于推进日中友好活动的我们来说，目前所能做的就是深入学习从海啸中救助了 162 名研修生的女川事迹。

1923 年关东大震灾时，由于受“投井下毒”等毫无根

据的流言蜚语的蒙骗，6000 多朝鲜人和 400 多中国人惨遭屠杀。在专制主义的天皇制下，虽说是受了官府散布的恶意宣传的欺骗，但当时的许多日本国民对亚洲各国人民抱有很大的偏见。此次东日本大震灾中，女川町民以自己的实际行动证明了“日本的平民百姓本质上是立足于日中友好的”。可见，历史的悲剧没有重演。

女川町民不断克服许多日本人所带有的民族偏见，国际化意识越来越浓厚。我们深深感到，今后在这片土地上将会有更多日中友好协会会员出现，并具备建立支部的条件。如果能帮助他们把日中友好的旗帜竖立在这片土地上该多好啊！

女川町政府临时办公楼

参考资料

参考资料 一

大震灾后，中国政府给予了怎样的激励和具体支援并不太为人所知。参考资料一是泉支部从中国大使馆直接获得的资料中，根据需要选择了两份，由编者负责编排的。

来自中国的支援与激励

其一　温家宝总理访问日本灾区

女川町中国实习生获救一事，经中国总理温家宝谈起而再次广为人知。

（新华社东京 2011 年 5 月 21 日电）

“国务院总理温家宝 21 日访问了日本宫城县名取市和福岛县福岛市灾区，代表中国政府和人民向灾区民众表示诚挚慰问。

温家宝抵达仙台机场后，立即乘车前往名取市，看着满目疮痍的地震海啸现场，温家宝关切地向陪同的当地官员了解灾情。温家宝在夷为平地的渔业协会原址，向罹难者献上花束。在馆腰小学体育馆灾民避难所和吾妻综合运动公园灾民避难所，温家宝与灾民一道席地而坐，促膝交谈，询问他们的损失情况和目前的生活情况，对他们表示深切同情，鼓励他们坚强地生活下去，重建家园。温家宝向在避难所的日本民众赠送了生活用品，向孩子们赠送了熊猫毛绒玩具和四川地震灾区青少年制作的千纸鹤。

温家宝向灾区的华侨华人和留学生转达祖国人民的亲切问候，嘱咐他们保重身体，祝他们工作顺利，生活平安。

温家宝对中外记者发表讲话并回答了提问。他说，我决定来福岛和宫城看望日本民众，是为了直接表达中国人民对日本人民的深切同情和慰问。今天我亲眼目睹这场特大灾害给日本人民带来的巨大创伤，心情十分沉重。地震和海啸虽然摧毁了灾区人民的家园，但没有击垮他们的意志和信心。相信日本人民一定能够克服困难，重建美好家园。

温总理对在大震灾发生后面对海啸首先把中国研修生带到安全地带，而自己却不幸失踪的宫城县女川町水产株式会社专务佐藤充赞不绝口：'他当时认为不论身边是哪国的人都必须救助。我知道他的这一义举，并且高度赞赏。从他身上，看到了日本人民对中国人民的友好感情。'

温家宝说，在自然灾害面前，人类是命运共同体。中日是一衣带水的邻邦，更要相互帮助，同舟共济，加强合作。我们没有忘记在中国发生重大灾害时，日本政府和人民给予的大力支援。中国政府和人民将继续为日本救灾和灾后重建提供支持。中日友好的基础在两国人民，相信通过双方的共同努力，中日关系将不断改善和发展，这符合两国和两国人民的根本利益，也有利于亚洲和世界的和平与发展。”

其二　有关支援的政府间协议（其中之一）

交接证书

为表达中华人民共和国政府和人民对日本国政府和人民的友好情谊,帮助日本国政府和人民克服东北地区太平洋近海地震造成的巨大灾难，中华人民共和国政府向日本国政府和人民无偿提供紧急人道主义救援物资（价值 3000 万元人民币）以及 1 万吨汽油、1 万吨柴油，并负责运至日本。

中方已于 2011 年 3 月 14 日至 4 月 3 日分批将上述物资和燃油（详见附后清单）运抵日本，交付日方。日方已如数接收上述物资和燃油。

本交接证书于 2011 年 4 月 22 日在东京签署,一式两份，双方各执一份，每份均用中文和日文写成，两种文本同等作准。

中华人民共和国政府
代　表

中华人民共和国驻日本国特命全权大使
程永华

日本国政府
代　表

日本国外务副大臣
伴野　丰

进行物资交接的中国驻日大使馆吕克俭公使（左）
和日中经济室古谷德郎室长（右）（2011年3月）
中国驻日本大使馆提供

输送物资的中国货船　中国驻日本大使馆提供

参考资料 二

在可谓“国际化时代”，有关应该如何接收外国劳动者的国民同意，基本上没有进展。参考资料二的《意见（案)》对探讨这个问题很有启发性，故全文介绍。

全劳联关于外国劳动者问题的基本意见（案）

I　制定“外国人基本法”（暂称），以迈向多民族、多文化共生社会

全劳联建议我国制定“外国人基本法”（暂称），以迈向多民族、多文化共生社会。确立国际上尚未确立的外国人的基本人权、与国民同等的平等权、国民待遇、社会保障制度、教育等权利。同时，以谋求对外国人的“一处妥行政服务”体制的确立为目的。

明确政府、自治团体对在日来日外国人“社会统合”的职责，与此同时，制定永住、常住外国人的行政、司法参与和雇用、社会保障等基本事项，以尽快形成国民的同意。

II　接收外国劳动者的基本意见

涉及将来接收的问题需要进一步探讨，以此为前提，当前，根据现行制度，外国劳动者的接收限定在“在留、就业资格”承认的“专门知识、技术、技能等工种”，应该是符合这个资格的人。为了保护外国劳动者和国内

全劳联主办的外国人实习生问题研讨会（2012年2月25日）

劳动者的雇用以及劳动条件，也必须保障他们与我国劳动者以同等的劳动条件等就业。日本血统的第二代、第三代劳动者，也要确立与我国劳动者同等的劳动条件和权利。

放宽“在留、就业资格”，允许从事所谓“一般劳动”，有可能引起国内劳动者就业机会减少和劳动市场二重化构造以及国内雇用的不稳定，导致劳动条件的降低，故不予认可。

III　重新制定研修生、技能实习生制度

应该废止“团体监理型”的研修、技能实习制度。停止新接收外国劳动者，切实掌握现今在日本的研修生和实习生劳动条件的实态，采取措施纠正违反同等待遇和违法行为。

IV　伴随经济合作协定的外国劳动者接收

不应该通过 EPA（经济合作协定）等轻易接收男护士、福利护理员等，也不承认合作国之间国家资格的相互认证。需要我国国家资格的医生等职业的就职，必须以在日本国内取得资格和能沟通的日语能力为前提。

反对接收因家庭服务员等资格制度不完善而出现的与所谓一般劳动者难以区分的劳动者。另一方面，对于现在已经接收了的外国劳动者，要求他们享受同等待遇遵守法令。

（注）全国劳动组合联合会（全劳联）是劳动工会有权威的全国工会中央组织之一。办事处在东京都文京区汤岛2–4–4 全劳联会馆内。全劳联反对劳动法制的“自由化”，为保护劳动者的雇用和权利而斗争。从这个观点出发，反对导入外国人技能实习生制度，但为解决现实中存在的无视外国劳动者人权、强制其在恶劣劳动条件下劳动，以及由此而产生的各种各样的问题在进行活动。

参考资料 三

从发展中国家接收劳动者，过去主要是大企业根据自身需要而各自开展的，这叫企业单独型。另一方面，由商工会和中小企业团体等与外国派遣机构合作接收技能实习生的方式也得到发展，这叫团体监理型。1990 年由五省共管的公益财团法人国际研修协力机构（JITCO）成立，开始实行一元化管理。这可以说是国家劳动政策的一个转折点。为了帮助理解这个政策，特收录参考资料三。

关于公益财团法人国际研修协力机构 (Japan International Training Cooperation Organization)

（摘自综合手册）

所谓 JITCO

JITCO，是 1991 年由法务、外务、厚生劳动、经济产业、国土交通五个省共同管理之下成立的一家财团法人，2012 年 4 月改为公益财团法人。

本部　东京都港区浜松町 1–8–16 住友浜松町大楼四层

关于外国人技能实习、研修制度

自 60 年代后期以来，海外当地法人等作为社员教育而实施的研修制度，在 1990 年得到修改，通过将我国开发、培育的技能、技术、知识（以下简称“技能等”）向外国转移，为担负经济发展的“人才培养”作贡献，没有资本、贸易关系的中小企业通过团体中介也可以接收。1993 年还设立了技能实习生制度,以便在雇用关系下能学到更实用的技能等。为了使研修生得到法律保护并使其法律地位安定化，这次对

研修、技能实习制度重新进行了修改，2009 年 7 月修订了入管法的部分条文，新的外国人技能实习制度已于 2010 年 1 月付诸实施。

JITCO综合手册（封面）

JITCO 的任务

JITCO 以推进外国人技能实习和研修制度公正而顺利的实施为基本职责。其使命如下：

1. 为拟接收或正在接收技能实习生、研修生的民间团体、企业以及外国派遣机构提供综合性支援、援助，为其正当实施业务提供建议与指导。
2. 为技能实习生、研修生的困难与咨询提供帮助的同时，为确保其在入境管理法令、劳动法令等法律方面的权益提供建议与援助。
3. 实现制度本来的目的，为技能实习生、研修生以及派遣机构等提供支援。

外国人技能实习制度的概要

技能实习制度就是，在最长 3 年的时间内，技能实习生在雇用关系下学习并熟练运用日本的产业和职业上的技能等知识。接收方法大致分为企业单独型和团体监理型两种。

在团体监理型的情况下，技能实习生进入日本后需参加

讲座（日语培训和技能实习生相关法律保护所需的讲座等），在与实习实施机关的雇用关系下，掌握实践技能等。技能学习成果被认可达到一定程度后，可变更为“技能实习 2 号”，技能实习期间最长可达 3 年。（以下略）

参考资料 四

日本中国友好协会简介

Ⅰ　日本中国友好协会

办事处　东京都千代田区西神田 2–4–1

电话：03（3234）4700

协会的历史、沿革

日本中国友好协会，是在中华人民共和国建国（1949 年）翌年、1950 年 10 月 1 日由来自社会各阶层的人们呼吁创立的、致力于促进两国友好关系和亚洲及世界和平的团体。

在尚未与新中国建交的 50 年代就开始了贸易、文化交流，为邦交正常化而努力。促进战后留在中国的日本人归国，追悼战时被胁持到日本而死亡的中国人并送还其遗骨。

珍惜友好与和平，推进以文化交流为主的娱乐活动。与中国合作，不断进行友好交流。只要喜欢中国，希望日本和中国友好的日本国民，不管是谁都可以成为会员，参加协会的活动。

会　费

普通会员每月 900 日元（不含邮费）；赞助会员每月 1,500 日元（不含邮费）；团体会员每月 1,000 日元（不含邮费）；准会员（仅订阅报纸）每月 400 日元；入会费 200 日元（以下略）

II　日本中国友好协会宫城县联合会

办事处　仙台市宫城野区铁砲町 166 番地广场和光 205 号

电话 022（256）2928

宫城县联组建于 1952 年 7 月 24 日，2012 年是组建 60 周年。

宫城县联日常活动的特征是旨在促进日本和中国民众的友好交流。研究者和市民共同研究中国文豪鲁迅留学仙台的事迹、建立鲁迅纪念碑（1960 年）、收集和调查鲁迅留学资料、翻译鲁迅医学笔记（2005 年以来）等。

从对日中战争的反省出发，日中不再战与寻求和平是日中友好活动的出发点。《军都仙台史迹巡礼》则是以市民共同的活动而展开的。

日常开设的汉语讲座、太极拳讲习会，作为接触中国文化的活动受到好评。

与中国的关系，今后会越来越密切、深厚。让我们把握好这个机会，一起推进日中友好向前发展。（以下略）

III　日本中国友好协会宫城县联泉支部

联系人　仙台市泉区将监 13−17−4

电话 022（372）8277　冈村朋子

泉支部成立至今

为了打开仙台市泉区内中国和日本人民交流的窗口，于 2003 年 10 月 19 日组建。

泉支部的会员约 30 名。年末召开年度总会、总结当年活动，制定下一年的活动方针。每月召开一次理事会，隔月召开一次例会，继续发行隔月一期的机关报《日中泉》。

2011 年 3 月 11 日大震灾后，组织参观受灾的女川町，出版了一本小册子。

每年举办两次演讲会，此外还有新年会、赏花会、聚餐会等。迄今为止的主要活动如表 4 所示。

表4　日本中国友好协会泉支部演讲会(例会)一例

回	年・月・日	演讲题目	演讲人
1	2004・3・21	山西省的公害问题（日中天空无国界）	高桥礼二郎
2	2004・5・30	三国志的魅力	三部　正树
5	2005・3・31	与残留孤儿诸位交谈（共进中餐）	
15	2007・8・18	为了结束残留孤儿诉讼 (有关新支援策略的学习)	角张　纮
20	2009・2・10	新中国建国前后	渡边　襄
27	2012・6・23	中国实习生—为何 162 人全员获救	藤村　三郎
*	2009・4・14 ～	10 回连续讲座《中国文学史散步》	阿部　兼也
*	2010・7・31	研讨会《克服日本人的偏见之道》	4 名与会者

*：泉支部建议、宫城县联组织。

其他值得大书特书之事

2009 年 2 月 15 日，五年史《倡导日中不再战的五年历程》发行。2011 年 10 月 23 日，第一次日中友好泉节举行。此外，还有泉支部主办的太极拳同好会。

后　记

作为日本中国友好协会的一个支部，我们举行了各种小规模的活动。演讲会：《山西省的公害——日中间的天空没有国界》、《三国志的魅力》、《与残留孤儿们一起》；讲座：《中国文学史漫步》；研讨会：《日本人克服偏见之路》，以及“日中友好泉节”等。即使举办了这一系列活动，“日中友好的本质是什么？”依然是我们心中永不消逝的课题。

如前所述，2012 年初，支部干事藤村三郎拟定了一份“女川町巴士旅行”计划。2011 年 3 月 11 日，在女川町工作的 162 名中国实习生无一人遇难全员获救。女川町的人口约有一万人，其中死亡和失踪者达八百多人。为什么中国实习生全员幸存，其中必有原委。在藤村干事的带领下支部成员展开了走访调查。先后 8 次调查，我们弄清了以下事实：

海啸发生的当天，实习生分别在靠近海边的 19 家公司工作。当时，所有公司都是优先引导实习生避难，正是这一举措为 162 名中国实习生全员获救起了决定性作用。为什么在女川町会发生这样的奇迹呢？这是因为，女川町民和实习生之间，虽然在语言和习惯上存在着差异，但他们彼此接受差异，相互尊重各自的人格和意见，这种心灵深处的交流所形成的信赖关系，在双方不懈的努力下得到加强。有关这方面的内容，体现在本书实习生制度导入的经过、各企业采取的措施、从事日语教育的人、以及实习生的手记等有关章节中。

人总是在最困难的时候才显露其本性。女川町的特征就是当特大海啸袭来时，涌现出许许多多像佐藤充这样的人物。

在中国四川大地震时，日本救援队的救助活动，救援队员面对遗体合掌祈祷的场景被广为报道，中国人对日本人的印象大为改变。通过灾害时的救援建立起来的友情，把人们紧紧地联结在一起。我们感谢女川町民以自己的实际行动为我们诠释了日中友好的本质，决心将女川精神发扬光大。

基于这样的认识，泉支部于 2012 年 11 月 30 日自行出版了作为本书前身的同名小册子。这本小册子，在广大读者中引起了很大的反响。参与编辑小册子的泉支部成员认为，在日中关系面临严峻考验的今天，有必要将这个洋溢着日中两国人民友好交往的事迹，不仅是日文，而且要以中文的形式加以介绍，使其在两国人民中广为传颂，成为进一步探索和发展两国友好关系的一个契机。为此，泉支部委托盛福刚、陈甜、张宇星等几位中国留学生，将小册子译成中文，经山形大学从事汉语教学的解泽春先生统一修改后，这个面貌一新、包括日中两国文字的版本终于与读者见面了。

本书出版之际，我们收到了中华人民共和国驻日本国特命全权大使程永华先生赞同本书宗旨，祝愿两国友好为本书写的序言，还收到了日本中国友好协会会长长尾光之先生写的致词。在此，谨向两位先生表示衷心的感谢！

本书及其前身同名小册子编辑之际，我们得到有关单位和许多人员的大力协助。特别是福井忠雄先生，没有他的无私援助，要完成本书是不可能的。在女川町访问之际，石卷市的芳贺芳昭、女川町议会的高野博夫妇陪同我们进行了参观学习。我们还得到了中国大使馆提供的各种宝贵资料。另外，本书中文版是日本中国友好协会宫城县联合会阿部兼也

会长监修的。在此，谨向上述单位和个人深表感谢！

最后，我代表泉支部向理解我们的意图，决定出版本书的社会评论社松田健二社长，表示诚挚的谢意！

能将本书奉献给读者，我们感到无比荣幸。

日本中国友好协会宫城县联合会泉支部支部长
高桥礼二郎

编辑委员感言

冈村朋子、佐久间太平、佐藤光男、高桥浩太郎、
中村幸雄、萩原富夫、藤村三郎

访问女川时，透过工厂厚厚的玻璃墙，看到研修生拼命工作的身影。要是哪天能拆掉那堵“墙”，直接握着手跟他们说：“干得不错啊！请原谅家父那一代人在贵国所做的事。咱们要好吧”那该多好啊！（冈村朋子）

宫城县是与鲁迅有缘之地。佐藤充专务等许多人的努力，已经成为历史的一页，为日中友好又点亮了新的曙光。学习他们的事迹，今后我也要为和平、友好尽绵薄之力。（佐久间太平）

说起女川町，我只以为是个核电站所在地。这次编书才知道，女川町作为渔港也发挥着重要作用，许多中国实习生在为水产业的发展贡献自己的力量，我感到很惊讶。女川町民不抱任何偏见，待实习生亲如家人的宽广胸怀深深感动了我。他们之间的友谊纽带,使我感受到了日中友好的一面。(佐藤光男)

中国实习生在海啸中全员获救，是因为女川町有许多像佐藤充那样的人物。应该如何吸取这个教训弘扬这种精神呢？盐釜市也有获救的中国实习生后来返回日本的。这个友情在劳动的愉悦中不断加深,不就成为巨大的遗产了吗？（高桥浩太郎）

最初谈到出版之事时，我对完成这样一本书会与受灾者的支援连在一起抱有不少疑问。在藤村三郎的带领下先后几

次前往女川町访问，所见所闻使我的疑问逐渐淡漠了。这次能完成这么一本好书不胜感激。我想对所有参与这项工作的人从心底里说一声让你们受累了。（中村幸雄）

据说在中国“理性爱国、反对暴力”的呼声日益高涨。宫城县女川町发生的“162名中国实习生全员”从海啸中救出之事，可谓女川町民用行动诠释了这句话。这个事迹将会永远流传下去。（萩原富夫）

以这个题目汇集成书，这是日中友好协会泉支部有关人员齐心协力共同努力的结果，最终完成本书实在是太好了。其中不乏新相识，也有眼泪和感动。如能对灾后复兴、促进国际合作起到一点作用，我将倍感欣慰。（藤村三郎）